AF362647

L'*Alliance des Arts* s'est réservé le droit, dans ses ventes de Médailles, de diviser les articles contenant plusieurs pièces sous le même numéro, pourvu que toutefois la mise à prix s'élève au-dessus de 1 franc. On reçoit les commissions à l'Administration, rue Montmartre, 178. (*Affranchir.*) On est prié de bien désigner la condition des pièces qu'on demande.

L'*Alliance des Arts* fait savoir aux personnes qui voudront bien lui envoyer leurs commissions, qu'achetant pour leur compte et non pour le sien propre, elle ne peut reprendre aucune des pièces acquises, à moins d'une erreur manifeste de sa part.

On peut adresser aussi les commissions à M. GAILLARD, marchand de médailles, quai Malaquais.

## *Ventes prochaines de l'Alliance des Arts.*

**MONNAIES ANCIENNES ET MODERNES**, en or, en argent et en bronze, de la collection de M. M...

**MÉDAILLES ROMAINES** recueillies en Afrique, par M. d'Égremont (2ᵉ partie),

**MONNAIES FRANÇAISES ET ÉTRANGÈRES**, provenant de diverses collections.

**MONNAIES ANCIENNES GRECQUES ET ROMAINES**, en or et en argent, provenant du cabinet de feu M. Delbecq, de Gand. (2ᵉ partie du catalogue).

**MONNAIES FRANÇAISES**, royales et baronales, du cabinet de M. le colonel Maurin.

**TABLEAUX** de la Collection de M. de M***, de Dijon, maîtres flamands, hollandais et italiens.

**AUTOGRAPHES**, la plupart relatifs à la Révolution française.

**COLLECTION DES AUTOGRAPHES** (au nombre de plus de 3,000) recueillis par M. de S., provenant des collections de M. Auguis.

Et plusieurs autres Collections de Tableaux, de Médailles, de Livres, d'Autographes, etc., dont on prépare déjà les Catalogues.

---

L'*Alliance des Arts* se charge des commissions dans toutes les ventes publiques d'objets d'art, qui se font en France et à l'Etranger.

---

La souscription à la *Table générale du Catalogue de la Bibliothèue dramatique de feu M. de Soleinne*, par M. Goizet, est fermée. La première partie, renfermant la table alphabétique des noms d'auteurs, paraitra sous peu de jours. prix, 10 fr., et 20 fr. le volume entier.

# ALLIANCE DES ARTS.

## CATALOGUE

DE

# MONNAIES ÉTRANGÈRES

PROVENANT DU CABINET DE FEU M. LENIG,

DE MAYENCE,

**Rédigé par M. A. MOREL FATIO.**

VENTE

**LE LUNDI 20 OCTOBRE 1845 ET JOURS SUIVANTS, A MIDI,**

DANS LES SALONS DE L'*ALLIANCE DES ARTS*,

Rue Montmartre, 178.

M° JACQUIN, commissaire-priseur, rue d'Enghien, 32.

## EXPOSITION PUBLIQUE

*Le Dimanche 19 octobre, de midi à quatre heures.*

PARIS.

ADMINISTRATION DE L'ALLIANCE DES ARTS.

RUE MONTMARTRE, 178.

1845

# AVERTISSEMENT.

Dans les diverses collections que l'*Alliance des Arts* a successivement fait passer sous les yeux des amateurs de numismatique, les monnaies étrangères ont toujours figuré d'une manière très-secondaire. Ce Catalogue, pour la première fois, leur est spécialement consacré, et il se recommande à l'attention du public par son étendue et l'intelligente variété de sa composition. Il est peu de localités qui ne s'y trouvent représentées tout au moins par un spécimen intéressant, quand ce n'est pas par de nombreuses séries de monnaies et de médailles.

Nous avons suivi pour le classement l'ordre géographique. Chaque pièce, minutieusement décrite, se trouve accompagnée de sa dénomination locale, et suivie de l'indication des ouvrages spéciaux qui m'ont guidé.

Pour subvenir à la rareté de ces livres, pour la plupart peu répandus en France, l'*Alliance des Arts* a pris la résolution d'enrichir désormais ses Catalogues de quelques dessins, adjonction absolument nécessaire pour la série des *Bractéates*, dont la légende souvent absente et le type indéterminé rendraient trop vague le mode ordinaire de description.

A. M.-F.

# CATALOGUE

## DE

# MONNAIES ÉTRANGÈRES.

## EUROPE.

### ANGLETERRE (HEPTARCHIE).

#### Northumberland.

1. *Eanred* (808-840).—EANRED RE+. Au milieu, une croisette. R. +EORDROAE. Croisette. Æ. *Styca*.
2. *Ethelred* I (840).—EDILRED REX. Au centre, petite croix dans un cercle. R. EARDVVLF. Croisette cantonnée de quatre points. Æ. *Styca*. Ruding, pl. X, n. 13.
3. — +EDILRED RE. Variété de la précédente. Æ. *Styca*. Rud., pl. X, n. 88.
4. — + EDILRED X. Petite croix. R. +MONNE. Un point dans un cercle de perles. Æ. *Styca*. Rud., pl. Z, n. 221.
5. —+ EDILRED. Globule entouré de quatre points. R. MONNE. Æ. *Styca*. Ibid., n. 214.
6. — + EDILRED RE. Croisette. R. VENDELBERHT. Croisette. Æ. *Styca*. Ruding, pl. Bb, n. 139.
7. *Redulf* ( -849).—+ REDVLF RX. Croisette. R. ALGHERE. Croix. Æ. *Styca*. Ruding, pl. 2K, n. 1.
8. *Incertaine.*—+EVRDVVL. Croisette. R. EARDAL. Rétrograde. Æ. *Styca*.
   Attribué au roi Heardulf par Akerman, qui le marque R⁸.

#### Réunion.

9. *Ethelred* II (979-1014).—AEDELRED REX ANGLOR X. Profil droit diadémé. R. FAERDEN M-O LINCOL. Dextre abaissée entre les lettres A et ω AR. Ruding, pl. XXIV.
10. *Cnut* (1017-1036). — CNVT REX. Profil à gauche. Sceptre. R. BOLDVS ON SER (Salisbury). Croix double avec un point au centre. AR.
11. — Autre. CNVT. T. RECX. Même type. R. AELFPERD ON LNES (Londres). Même type. AR.
12. — Autre. R. HILDVL. ON EOF (Yorck). Mêmes types. AR. Cat. Well, n. 1940.
    Indiquée comme très-rare.
13. *Harold* (1036-1040). — HAROLD REX. Profil diadémé à gauche. R. OSLAC ON LINCOL. Croix au centre, un double annelet. AR. Lelewel, pl. XI, n. 28.

14. *Edouard* le Confesseur (1042-1066). — EDPRD.... NGLOR.
    Le roi, assis, tenant un sceptre dans la droite, et le globe dans
    l'autre main. R. ODGRIM ON EFRPI (Yorck). Croix cantonnée
    de quatre oiseaux. AR.
15. — Autre. EDPARD. R. Profil droit. R. PINTERFVGL ON EOF.
    Croix terminée par trois croissants; dans l'un des cantons un
    annelet. AR.
16. — Autre. EADPARD. REX. R. ICGETEL ON EOFE (Joccetel à
    Yorck. Même type. AR. Cat. Welzl, n. 1944.
17. *Guillaume* I (1066-1087). — PILLELM REX. Buste de face,
    sceptre. R. SPRIECLINE ON PINE (Winchester). Croix canton-
    née des lettres P. A. X. S. AR. Ruding., pl. I, n. 4.
18. *Henri* I (1100–1135). — HENRI R. Buste à gauche, sceptre.
    R. IELFINE ON LVND. Croix tréflée. AR.
19. *Henri* III (1216-1272). — HENRICVS REX. Tête de face. Bras
    droit tenant le sceptre. R. ADAM ON LVND. Croix cantonnée de
    douze besants. AR. *Penny.* Ruding, pl. II, n. 13.
20. — Autre avec ALAIN ON LUND. AR. *Penny.*
21.    —     FILAIMER ON CANT. (orbéry). AR.
22.    —     HENRICUS REX IMP. R. DAVID ON LUND. AR.
23.    —     FVLDE ON LVND. AR.
24.    —     GILBERT..... AR. Cat. Welzl, n. 1959.
25.    —     HENRIC ON LVND. AR. Ibid.. n. 1963.
26.    —     HVE ON CANTER. AR.
27.    —     IOHAN ON CANT. AR.
28.    —     IO. ON. CANTER. AR.
29.    —     IOHAN ON CAN. AR.
30.    —     IOH'S ON..... AR.
31.    —     HENRICVS REX TERC (ius). R. IOH ON EVERVIC.
             AR.
32.    —     ILGEE ON LVND. AR. Cat. Welzl, n. 1958.
33.    —     MILES ON VINCES (Winchester). AR.
34.    —     NICOLE ON LV. AR. Cat. Welzl, n. 1961.
35.    —     NICOLE ON CANT. AR.
36.    —     NICOLE ON EVE. AR.
37.    —     RICARDUS. B. ON LV. AR.
38.    —     RICARD ON LVND. AR.
39.    —     RODBERT ON LVND. AR.
40.    —     RENAL' ON LVN. AR.
41.    —     WILLEL ON CANT. AR.
42.    —     WILLELM' ..... (Winchester)? AR.
43.    —     WILLELM ON LV. AR. Ruding. Suppl. part. II,
             pl. I, n. 12.
44.    —     WILLELM ON LVN. AR.
45.    —     WILLELM ON CIC (Chichester). AR.
46.    —     .WILEM ON CANT. AR
47. *Edouard* II (1307-1327). — EDWAR ANGLI DNS HYB. Tête
    couronnée, de face. R. CIVITAS DVREME (Durham). Croix
    traversant la légende et cantonnée de douze besants. AR.
48. — Autre avec CIVITAS LONDON. AR.
49.    —     CIVITAS CANTOR. AR. Cat. Welzl, n. 1970.
50.    —     VILLA BEREVICI (Berwick). AR.

51. — EDWARR, etc. R. SCI EDMVNDI VILL. Mêmes types. AR.
52. — EDWR, etc. R. CIVITAS LONDON. AR.
    Trois pièces.
53. — EDWARD, etc. R. CIVITAS CANTOR. AR.
54. *Edouard IV* (1461-1482). — EDWARD. DI. GRA'. REX AGL'
    FRANC. Tête couronnée, de face, dans un entourage de neuf
    arceaux. R. POSVI DEVM ADIVTORE' MEVM. Seconde légende
    sous la première. CIVITAS LONDON. Croix traversant les deux
    légendes, et cantonnée de douze besants. AR. *Groat.* Ruding,
    pl. V, n. 2
    Deux pièces variées.
55. *Henri V* (1413-1422). — HENRIC. DI. GRA. REX. ANGLIE.
    Mêmes types et lég. AR. *Groat.* Ruding, pl. IX, n. 10.
56. *Henri VII* (1485-1509). — HENRIC. VII. DI'. GRA. REX.
    AGL'Z... Buste couronné à droite. R. POSVI DEV' ADIVTORE'
    MEV' Ecu écartelé de France et Angleterre, et traversé par une
    croix longue. AR. *Demi-groat.* Ruding, pl. VI, n. 15.
57. *Henri VIII* (1509-1547. — HENRIC'. VIII. DI. G. R. AGL'Z.
    FRAC. Buste à droite. R. POSVI DEV'. ADJVTOREM MEV'.
    Même type. AR. *Gros.* Cat. Welzl, n. 1988.
58. — Autre avec FRANC au lieu de FRAC. AR.
59. — HENRIC' VIII D' G' R' AGL Z FR. Tête à droite. R. CIVI-
    TAS CANTOR. Même type. Dans le champ, les lettres W. A.
    (Wilhelmus Archiepiscopus). AR. *Demi-groat.* Ruding, pl. VII,
    n° 17. Cat. Welzl, n° 1990.
60. *Edouard VI* (1547-1553).—EDWARD : VI : D : G : AGL' FRA :
    Z. HIB ; REX : Y. Tête de face entre une rose et le chiffre XII.
    R. POSVI. DEV. ADIVTORE' MEVM. Armes de France et An-
    gleterre traversées par une croix mince et fourchée. AR. *Shil-
    ling.* Ruding, pl. X, n° 5.
61. *Élisabeth* (1558-1603). — ELIZAB. D. G. ANG. FR. ET. HIB.
    REG. Buste à gauche. R. POSVI. DEVM. etc. Ecusson comme
    le précédent. Au-dessus une main. AR. *Shilling.* Ruding,
    pl. XIV, n° 7.
62. — ELIZABETH. D. G. ANG. FRA. ET. HIB. REGINA. Buste à
    gauche; derrière la tête, une rose. R. POSVI. DEVM, etc. Même
    type; au-dessus de l'écusson, 1561. AR. Pièce de *six pences.* Ru-
    ding, pl. XV, n° 1.
63. *Jacques I* (1603-1625). IACOBVS. D. G. MAG. BRIT. FRA :
    ET' H : REX. Buste à droite; derrière la tête, le chiffre XII (*pen-
    ce*). R. QVAE. DEVS. CONIVNXIT : NEMO : SEPARET. Ecusson
    au 1 et 3 de France et Angleterre, au 2 d'Ecosse, au 3 d'Irlande.
    AR. *Shilling.* Ruding, pl. XVII, n° 5.
64. — Autre, variété. AR. *Shilling.*
65. — I. D. G. ROSA. SINE. SPINA. Rose. R. TVEATVR. VNITA.
    DEVS. Fleur du chardon. AR. *Penny.* Ruding, pl. IX, n° 17.
66. *Charles I* (1625-1649). — CAROLVS. D : G : MAG : B : F :
    ET. H. REX : Le roi à gauche entre les trois plumes de Galles
    et le chiffre IIII. R. CHRISTO. AVSPICE. REGNO. Ecusson. AR.
    *Groat.* Ruding, pl. XXIV, n°s 8 et 9.
67. — Autre. Mêmes types, même lég. R. EXVRGAT. DEVS.
    DISSIPENTVR. INIMICI. Dans le champ, en quatre lignes, REL :

PRO : LEG : ANG : LIB : PAR : 1646. AR. *Groat*. dit *exsurgat money*, frappé à Oxford.

68. *République*. — THE. COMMON. WEALTH. OF. ENGLAND. Croix de saint George entre une palme et une branche de laurier. R. GOD. WITH. VS. 1652. Ecus à la croix de saint George et à la harpe d'Irlande. Au-dessus, le chiffre XII. AR. *Shilling*. Ruding, pl. XXI, n° 2.

69. Mêmes types, sans lég., le chiffre XII, remplacé par II. AR. *Two-pence*. Ruding, n° 10, pl. XXXI.

70. *Olivier Cromwell* (    -1661). — OLIVAR. D. G. R. P. ANG. SCO. HIB. et PRO. Buste lauré à gauche. R. PAX. QVAERITVR. BELLO, 1658. Ecusson au 1 et 4 de la croix de saint Georges pour l'Angleterre, au 2 de la croix de saint André pour l'Ecosse, au 3 la harpe d'Irlande ; sur le tout, le lion rampant de Cromwell ; sur la tranche, HAS. NISI. PERITVRVS. MIHI. ADIMAT. NEMO. AR. *Crown*. Ruding, pl. XXXII, n° 4.
  Pièce rare et de belle conservation.

71. *Charles II* (1661-1685). — CAROLVS. II. D. G. MAG : BR : FR. ET. HIB : REX. Buste couronné à gauche ; derrière la tête, XXX (*pence*). R. CHRISTO. AUSPICE REGNO. Ecusson sur une croix. AR. *Demi-couronne*. Ruding, pl. XXXIII, n° 11.

72. — CAROLVS. II. DEI. GRATIA. Tête laurée à droite. R. MAG. BR. FRA. ET. HIB. REX. 1672. Les quatre écus de France, Angleterre, etc., disposés en forme de croix ; dans chaque canton, deux C entrelacés. AR. *Shilling*. Ruding, pl. XXXIV, n° 14.

73. *Guillaume et Marie* (1689-1695). — GVLIELMVS. ET. MARIA. D. G. Bustes accolés de Guillaume et Marie à droite. R. MAG. BR. etc. 1689. Au milieu, 4 (*pence*). AR. *Groat*.

74. *Anne* (1702-1714). — ANNA. DEI. GRATIA. R. Le chiffre 3. Pièce de *trois pences*. AR.

75. *Georges II* (1727-1760). — GEORGIVS. II. DEI. GRATIA. Le roi à gauche : au-dessus, LIMA. R. M. B. I. ET. H. REX. F. D. B. ET. L. D. S. R. I. A. T. ET. E. 1746. Quatre écussons couronnés et en forme de croix. Au 1er de France, au 2 d'Islande, au 3 de Brunswick, Lunebourg et Saxe, sur le tout à la couronne de Charlemagne comme architrésorier d'empire au 4 d'Angleterre et Ecosse. AR. *Demi-couronne* frappée avec l'argent provenant des prises maritimes. Ruding, pl. XL, n° 22.

76. — Mêmes types et lég. R. Semblable. 1745. AR. *Shilling*. Ibid., n° 23.

77. — Autre, sans le mot LIMA. R. 1758. AR. *Shilling*. Ibid, n° 3.

78. — Mêmes types. R. 1657. AR. *Six pences*.
  Deux pièces.

79. *Georges III* (1760-1820). — GEORGIVS. III. DEI. GRATIA. REX. Buste lauré à droite. R. BANK OF ENGLAND. 1804. Dans une bordure surmontée d'une couronne murale, l'Angleterre, assise, tient à la main un rameau d'olivier, et de la gauche, appuyée sur un bouclier aux croix de saint Georges et saint André, tient une lance. Alentour, sur la bordure, FIVE SHILLINGS. DOLLAR. AR. *Couronne*. Rud., suppl., part. II, pl. VIII, n° 8.

80. — GEORGIVS. III. D. G. BRITANNIARVM. REX. F. D. 1819. Tête laurée à droite. Au bas, PISTRUCCI. R. HONI. SOIT. QVI. MAL.

Y. PENSE. Légende inscrite sur le cordon de la Jarretière. Dans le champ, saint Georges à cheval combattant le dragon. Au-dessous, le nom du graveur, comme de l'autre côté. Sur la tranche, ANNO. REGNI. LIX. DECVS. ET. TVTAMEN. AR. *Crown*. Ruding, suppl., part. II, pl. XIV, n° 1.
> Deux pièces.

81. *Georges IV* (1820-1830).—GEORGIVS. IIII. D : G : BRITAN-NIAR : REX F : D : Buste à gauche. R. Saint Georges, etc. 1821. Sur la tranche ANNO. REGNI. SECVNDO. DECVS. ET. TVTAMEN. AR. *Crown*. Ruding, pl. II R, n° 2.

82. — GEORGIVS. IV., etc. 1825. R. BRITANNIARVM. REX. FI-DEI. DEFENSOR. Couronne surmontée d'un lion ; au-dessous, une rose. AR. *Shilling*.

83. *Victoria* (1837-     ).—VICTORIA. DEI. GRATIA., etc. Buste à gauche. R. ONE SHILLING. entre deux branches d'olivier et de chêne. Au-dessus une couronne. Au bas 1839. AR. *Shilling*.

### Irlande.

84. *Jacques I* (1567-1625).—IACOBVS. D. G. ANG. SCCO. (*Sic*) FRA. ET. HIB. REX. Buste à dr. R. TVEATVR. VNITA. DEVS. Harpe d'Irlande. AR. *Groat*.

### Ecosse.

85. *Micolombus* (1153-1165).—Tête à gauche, sans lég. R. AR. Appel., p. 753.

86. *Alexandre III* (1249-1286).—ALEXANDER. DEI. GRA. Buste couronné, à gauche, dans un grènetis. Sceptre. R. REX SCO-TORVM. Croix longue, couronnée de 4 étoiles. AR.
> Deux pièces.

87. *Jacques VI* (1547-1625). — IACOBVS. 6. DEI. GRATIA. REX. SCOTORVM. Armes d'Ecosse couronnées. Entre les lettres I (aco-bus) R (ex). R. PRO. ME. SI. MEREOR. IN. ME. Epée nue. 1571. Main et le chiffre XXX. AR.

88. — Mêmes type et lég. AR. REGEM. IOVA. PROTEGIT. 1603. Chardon d'Ecosse. AR. *Groat*.

89. *Charles I* (1625-1649).—CAR. D. G. SCOT. AN. FR. ET. HIB. R. Buste couronné, à gauche. Dans le champ, XL. R. SALVS. REIPVB. SVPREMA. LEX. Chardon couronné. AR. *Monnaie d'Ecosse, mais fabriquée en Angleterre.*

---

90. — NEWBRY. BOROUGH. Tour crénelée. R. IN. COUNTY. OF. BERKS. Au milieu, P. N. 1607. Cuivre. *Token*.

### Danemark.

91. *Cnut le Grand* (1015-1036). — Croisette. R. Croisette au centre de quatre annelets qui affleurent le grènetis. AR.

92. *Magnus le Bon* (1042-1047).—MAGNVS REX. Le Christ nimbé, la dextre élevée. R. DOPER. M. ON. LVN. AR. Etoile à quatre branches.

93. — Autre. R. CARL : OLVNDI ON CIF. Même type. AR.

94. — Autre. R. LEOFRINE. ON. N. Croix vidée. AR.

95. — Autre. Le Christ assis. R. Croix. AR.
       Deux pièces.
96. — Autre. Le Christ nimbé, à mi-corps. R. Étoile, lég. en ca-
    ractères runiques. AR. Danisch. Münzkab, pl. IV, n° 11.
97. — Autre. La Vierge donnant un étendard au prince. R. PVL-
    CET. ON. IIII. Croix cantonnée de deux croissants. AR.
98. — Autre. Croix vidée inscrite dans quatre arcs de cercle.
    CLIO. EII. CIIIIE. R. Lég., étoile à trois branches cantonnée de
    trois annelets. AR.
99. — Autre. Un point entouré de six annelets. R. Croix vidée,
    terminée à chaque branche par trois croissants et cantonnée des
    lettres S. T. X. AR.
100. *Valdemar I* (1157-1182). — VAL. Tête couronnée, de face.
    R. Tête mitrée. S. A. N. C... A. Billon.
101. *Waldemar II* (1202-1241). — Buste couronné. Sceptre et
    globe. R. Figure de face, crosse et croissant. Billon.
102. *Christophe II* (1319-1334). CRISTOPHORVS. Croisette dans
    un cercle. R. DANORVM. REX. Dans le champ H. Billon. Dan.
    Münzkab., pl. XXI. n° 1. Appel., pag. 490.
103. *Waldemar IV* (1376). — : VALDEMARVS : Dans le champ
    ·I-I-. R. REX : DANORVM : Croix dans un grènetis. Billon. Ap-
    pel., pag. 491.
       Rare.
104. *Christian III* (1503-1539). — CRISTIANI : D : G : REX. DA-
    NIE. ET. NO. Le roi, à dr. R. MONETA. NOVA. HAFNIENSIS.
    1536. Trois écussons et les lettres C. R. G.
105. *Christian IV* (1588-1648). — CHRISTIANVS : IIII : D : G :
    DANI : NOR... : REX. En seconde ligne, REGNA. FIRMAT. PIE-
    TAS. Buste. à dr. R. BENEDICTIO. DOMINI. DIVITES. FACIT.
    Le lion de Norwège. Dans le champ, la date 1648. Au-dessous,
    F. G AR. Appel., p. 496, n° 4.
106. — CHRIS : 4 : D : G : D : N : V : G : R. Buste, à dr. R.
    MON. NOV. GLVCKSTA. 1641. Dans le champ, XVI. E. REIC |
    HS : DA., en trois lignes. AR.
107. — CHRISTIANVS. IIII. D. G. Même type. R. Variété GLVCK-
    STAD. 1643. AR.
108. — Le roi à cheval, galopant, à dr. Au bas 2. S. L. R.
    CHRIST | IAN. DER 4 | VAN. GOTT. | GNA. KONN | IN. DENNE
    | MARKE. en six lignes. AR. Appel., pag. 497, n° 10.
109. *Frédéric III* (1648-1670). — FRIDER. 3. D. G. D. N. V. G.
    REX. Buste, à dr. R. MONETA. NOVA. GLVCKSTAD. Dans le
    champ XVI, etc., 1668. AR.
110. *Christian V* (1670-1699). — CHRISTIAN. V. D. G. DAN.
    Les trois léopards de Danemarck. R. NOR. VAN. GOT. REX.
    1677. Dans le champ, II. SKILL. DANS. en trois lignes. AR.
    Appel., pag. 500, n° 7.
111. *Frédéric VI* (1808-    ).—GANGBAR. FOR.  RIGSDALER.
    DANSK. COVRANT. Le chiffre FR, au bas, VI. R. FRIVILLIGT.
    OFFER. TIL. FÆDRENE LANDET, 1808. M.F., en sept lignes,
    au milieu d'une couronne de chêne. AR. Appel., pag. 508,
    n. 1.

## Suède.

**112.** *Suercher* (1140-1150). S. R. Croix inscrite dans un cercle. Cuivre.

**113.** *Magnus Eric Smek* (1319-1363). — M. R. Etoile à quatre branches cantonnée d'un point. Cuivre. Brenner, pag. 15, pl. IV, n. 3.

**114.** *Albert* (1363-1412). — ALBERTVS. REX. Tête couronnée de face. R. MONETTA. SVECIE. Dans un grènetis, une croix pattée cantonnée de quatre couronnes. AR. *Denier* ou *ortuga*.

**115.** *Eric de Poméranie* (1412-1439). — REX. ERICVS. Tête de face. R. MONETA. STOCHOL'. Croix ancrée. AR.

**116.** —ERICVS..... Couronne. R. MONETA LVNDEI. Croix pattée dans un grènetis. AR. *Demi-ortuga.*

**117.** *Christophe III* (1441-1448). — KRSTOFEN. REX. Dans un écusson, trois couronnes, deux pour le Danemarck et une pour la Suède. Au-dessus et de chaque côté, un croissant. R. MONETA. STOCHOL. R. La lettre C sur une croix dont les branches touchent au grènetis. AR. *Ortuga.* Brenner, pl. XI, n. 7.

**118.** *Steno Sture l'Ancien* (1463-1497).—SCS. ERICVS. RE. Couronne. R. MONETA. AROS. Dans le champ, la lettre A, accostée d'une étoile. AR. Brenner, pl. VIII, n. 6.

**119.** — Autre avec ARISIEN. AR. *Demi* ou *halfwa ortuga.*

**120.** — Autre avec AROSI. AR. *Demi.*

**121.** — SCS. ERICVS. Dans le champ, S. R. MONETA. STOCH'. Couronne. AR. Brenner, pl. VII, n. 3. *Demi-ortuga.*

**122.** — SCS ⁞ ERICVS ⁞ REX ⁞ Tête couronnée, de face. R. MONETA. STOCH'. Ecusson, trois couronnes, deux annelets. AR.

**123.** —SCS. ERICVS. REX. Trois couronnes, deux étoiles. R. MONETA. AROSIEN. A couronné entre deux roses. AR. Brenner, pl. VIII, n. 5. *Denier.*

Trois pièces.

**124.** *Steno Sture le Jeune* (1504-1512). — STEN. STVRE. RIT. Couronne. R. MONETA STOCHO. Dans le champ. S. *Demi-denier.* AR. Brenner, pl. IX, n. 4.

**125.** *Christiern II* (1512-1520). — CRISTIERN. R' D(anorum). Dans le champ, la lettre K couronnée. R. MONE. MALMOIENS. Ecusson, chargé d'une croix longue dont les branches divisent la légende. Billon. Brenner, pl. IX, n. 2.

**126.** *Gustave Wasa* (1523-1559). — GOSTAVS. D. G. REX. SWE-CIE..... Le roi, revêtu d'une cuirasse, à dr. Dans la droite, le sceptre ; dans la gauche, le globe. R. DOMINI. EST. TERRA. ETC. 1544. Ecusson couronné. AR. *Pièce de 4 ors.* Appel., 767, n. 2. Brenner, p. 68.

**127.** *Eric XIV* (1560-1568). — Dans un écusson couronné, les lettres *Ericus Rex.* De chaque côté, 16. OR. R. Armes de Suède. 1563. Flan carré. Pièce de nécessité, frappée dans la guerre contre Frédéric II de Danemarck. Brenner, p. 81. Duby, *Obsidion.*, pl. XXII, n. 10, pag. 769, n. 3.

**128.** *Jean III* (1569-1592).—IOHANNES. 3. D. G. SVECIE. REX. Jean, portant les insignes de la royauté. Dans le champ. 15(76. R. MON. NOVA. STOK. HOLM. entre les branches d'une croix.

chargée des armes de Suède et de Wasa. Dans le champ, la valeur monétaire. I. OR. AR. Brenner, pag. 101.

129. *Gustave Adolphe* (1611-1632). GVSTAVVS. ADOLPH. D : G : REX. SVECORVM. Buste cuirassé à gauche, sceptre et globe. R. SALVATOR. MVNDI. SALVA. NOS. MDCXXXI. Le Christ debout; à sa droite, les armes de Suède, Norwège et de Wasa. AR. *Thaler d'Empire.*

130. — GVSTAVVS. ADOLF. D. G. DESIGNAT. REX SVECIE. ET. PRINCEPS. HAER'. En seconde ligne, GLORIA. ALTISSIMV. SVORVM. REFVGIO. Buste cuirassé ; au-dessus le nom hébreu de Jehova, entouré de rayons. R. VIII SVENSKE. MARKR. 1614. Trois écussons de Suède, Gothie et Wasa. AR. Brenner, pag. 173.

131. *Charles XII* (1697-1718). — Trois couronnes. 5. OR. Les lettres S. M. et au-dessous les initiales du graveur L. G. R. DOMINVS PROTECTOR. MEVS. Deux C entrelacés, au-dessus une couronne. 1706. *Billon.*

132. *Charles XIV*, *Jean Bernadotte* (1818-1844). — CARL. XIV. SVERIGES. NORR. G. OCH. V. KONVNG. Tête, à dr. R. FOLKETS. HARLEK. MIN. BELONING. Armes de Suède. Au bas, 1/4. R. SP. 1834. AR.

  Deux pièces.

## RUSSIE.

### Czars.

133. — Cavalier armé d'une lance, galopant à droite. Au-dessous, différent monétaire. R. Lég. russe en cinq lignes. AR. *Grivna.*

  Quatre pièces variées.

134. — Même type. *Copek d'or.*

### Empereurs.

135. *Pierre Alexiévitch* (1689-1725). — Lég. russe. Buste lauré à droite. R. Lég., aigle de Russie à deux têtes ; sur la tranche, légende et la date 1712. AR. *Grand rouble d'argent.*

136. *Nicolas I*, Paulovitch (1825-      ). — Aigle à deux têtes ; sur la poitrine, l'écusson aux armes de Moscou. Sur l'aile droite, les armes de Khasan, Astrakan et Sibérie. Sur la gauche, Pologne, Tauride et Finlande. R. 2. ZOL(otniki) 41 DOL(i) de platine fin de l'Oural. Dans le champ, 3 Roubli na cerebro (trois roubles d'argent), 1829, et le différent monétaire de Pétersbourg ; le tout en cinq lignes. *Monnaie de platine.* Chaudoir, tom. II, n° 2638.

### Ducs de Courlande.

137. *Gotthard* Ketteler in Anslo (1559-1587). — MONE. NOVA. ARGENTE. Le chiffre SA. (Stanislas Auguste, de Pologne). Au-dessus 15 (76. R. DVCIS. CVR. ET. SEM. GAL. Lion rampant. Æ. Appel, Welttich. n° 904.

  Très-rare.

138. *Pierre* (1769-1795). — D. G. PETRVS. IN. LIV. CURL. ET. SEMGAL. DVX. Buste à droite. R. MON. NOVA. DVC. CVRL. AD.

NORMAM. TAL. ALB. 1780. Deux écussons couronnés. AR. Thaler.

## Grands-maîtres de Livonie.

139. *Incertaine.* — Croix de l'Ordre partageant un écusson. Autour, huit annelets. R. Clef et épée en sautoir.

140. *Othon* de Hohenbach (1289-1294). — O. MAGISTER LIVONIE. Ecusson. R. MONETA. WENDEN. Légende divisée par les branches d'une croix. Billon. Appel. Geistlich. pag. 288.

141. *Hans.* H. de Loringhaven. (1486-1495). — MAGISTRI. LIVONIE. Trois annelets dans un écusson. R. MON. ETA. WEN. DENS. Légende coupée par les branches d'une croix. Appel., ibid., p. 290.

142. *Walter* de Plettenberg (1495-1535). — WOL. PLET. TENB. MA. LI. Ecusson et légende traversés par la croix. R. MONE. NOVA. RIGENSIS. (15)33. Clef et épée. Au-dessus, la croix de l'ordre.

143. *Hermann* Brüggeney (1535-1549). — MONE. REVALIE. (15)41. Croix de Livonie. R. MAGISTRI. LIVONIE. Croix.

144. — Autre. MONE. NO. RIGENSIS. Clef, épée. R. HER. D. BREGENA. M. LIVO. Ecusson, croix. *Revue de Berlin*, 1842, n° 253.

145. — Autre, avec la date 42. R. MAGIS. LIVONI. Même type.

146. *Henri* de Galen (1551-1557). — MONETA. NOVA... Dans un écusson, la croix et l'épée. R. + DOMI. FI D. H... Armes de Galen.

147. — HINR : DE : GALEN : MA : LI : Ecusson écartelé de l'Ordre et du grand-maître. R. MO. NO. REVALIE. 1555. Armes de l'Ordre. Billon. *Revue*, p. 282, n° 321.

148. Autre de 1556. *Revue*, p. 284. n° 356.

149. — HINRICVS. DE. GA. D. G. LIVONI. Henri debout, l'épée à la main, soutient devant lui de la gauche un écusson. Billon. *Revue*, p. 286, n° 366.

## Archevêques de Riga.

150. *Thomas Schöning* (1529-1539). — MO. ARCIEP. RIGEN. 1531. Armoiries du prélat. R. MO. ECLESIE. RIGENSIS. Crosse et épée en sautoir.
La *Revue de Berlin* ne mentionne pas de pièces à l'année 1531.

151. *Wilhelm* de Brandebourg (1539-1563). — GVILELMVS. AR. P. RI. N. 45. Aigle chargée de l'écusson de Brandebourg. R. ...TV. EST. POTENSIA... D. D. Crosse, épée.
Deux pièces.

## Riga.

152. *Etienne Bathori* (1575-1586). — STEP. D. G. REX. PO. D. L. Buste couronné, cuirassé, à droite. R. III. GROS. ARG. TRIP. CIVI. RIGE(nsis) en cinq lignes. Armes de Riga surmontées de deux clefs en sautoir et placées au milieu de la date 1584. AR.

153. — Autre de 1586. AR.

154. *Sigismond* III (1587-1632). — SIG. III. D. G. P. M. D. Mêmes types et lég. que les précédentes. 1592. AR.

155. — Autre de 1594. AR.

## Evêché de Dorpat.

156. *Dietrich* II Damerau (1378-1400). — + TIDERICVS. EPYS. Buste de face. R. + MONETA. THARB. Epée et clef en sautoir et surmontées des armes de l'évêque. *Revue numism. de Berlin*, 1re année, p. 360, pl. XI, l.

157. *Dietrich* III. Resler (1413-1438). — Même lég., types semblables, à l'exception des armes. Ibid., pl. XI, c.

## Rois de Pologne.

158. *Casimir* III (1333-1370). — KASIMIRVS. REX. PO. Aigle dans un écusson. R. MONETA CIVIT. DANO. Deux couronnes. Au-dessous, les deux croix de Dantzig. *Billon.*

159. *Wladislas* III *Jagellon* (1434-1444). — MONE. WLADISLAI. Couronne. R. REGIS. POLONIE. Aigle éployée. *Billon.* Appel., p. 671.
> Deux pièces.

160. *Casimir IV* (1447-1492). — MONETA. KAZIMIRI. Aigle. R. REGIS. POLONIE. Couronne. *Billon.* Appel., p. 672.
> Trois pièces.

161. *Alexandre* (1501-1506). — ALEXANDER : DEI : G : REX. Aigle. R. MONETA : REGIS : POLONIE. Couronne. *Billon.* Ibid.
> Cinq pièces.

162. *Sigismond III* (1587-1632). — SIG. III. D. G. R. POLON. M. D. L. Buste à droite. R. III. GROS. ARG. TR. R. POLONI 15(97). L'écusson de Wasa entre l'aigle de Pologne et le cavalier de Lithuanie. Au bas, les lettres I. F et un écusson au lion de Norwège. AR. Appel., p. 677.

163. — Autre, variété de l'an 1598.

164. — Gros avec l'écusson de Dantzig, la date 1611. R. Couronne. SIG. III. DG. etc. *Billon.*

165. — SIGIS. III. D. G. REX. POL. M. D. LIT. RVS. PRVS. MASO. Le roi à droite tenant l'épée et le globe. R. SAM. LIV. NECNO. SVE. GOT. VAD : Q. HR. REX. Armes de Pologne et Lithuanie, sur le tout, les trois couronnes de Suède et le lion de Norwège. Sur le tout du tout, l'écusson de Wasa. Dans le champ, I. I. et la date 1630. AR. Appel. p. 684, n° 25.

166. *Wladislas IV* (1632-1648). — VLADIS. IIII. D. G. REX. POL. M. D LIT. RVS. PRVS. MAS. Même type. R. Comme le précédent, avec la date 1634. Appel., p. 686, n° 5.

167. *Jean Casimir* (1648-1668). — IO. CAS. D. G. REX. POL. et S. M. D. L. Tête à droite. R GROS. ARG. SEX. REG. POL. 1661. Au-dessous d'une couronne, les deux écussons de Pologne et de Lithuanie; au bas, celui de Wasa. N. C. Au-dessus, VI (gros). AR.

168. — Deux autres variétés avec les dates 1660 et 1663. AR.

169. *Auguste II*, élect. de Saxe (1697-1709). — PRO. REGNO. Bras armé d'un cimeterre et entouré d'un nuage. Au bas, I. K. R. D. G. AVGVSTVS. II. CORON. IN. REG. POLON. et M. D. L. 15. SEPT. 1697. en six lignes. Au-dessus, une couronne sur deux palmes. OR.

170. *Frédéric Auguste III* (1734-1763). — D. G. AVGVSTVS. III. REX. POLONIARVM. Le roi à droite. R. SAC. ROM. ARCHIM.

ET. ELECT. 1755. Armes de Pologne et Lithuanie. Sur le tout, l'écusson de Saxe Electorale. Au bas, (18). AR. Appel., p. 701, n° 10.

171. *Stanislas Auguste* (1764-1795). — Pièce de 6 groszy de 1794. *Billon.* Appel., p. 704, n° 18.

172. — STANISLAVS. AVGVSTVS. D. G. REX. POLON. M. D. LITVAN. Tête à droite. R. 10. 7/16. EX. MARCA. PVRA. COLONIENS. 1788. Armes de Pologne et Lithuanie. Au milieu, l'écusson de Poniatowsky. Sur la tranche, FIDEI. PVBLICÆ. PIGNVS. AR.

## Duché de Varsovie.

173. *Frédéric Auguste* (1807-1814). — FRID. AVG. REX. SAX. DVX. VARSOV. Tête à droite. R. Ecusson couronné de Saxe et Varsovie, entre deux palmes. Les lettres I. S. Au-dessus, 1811 ; au bas, 113 TALARA. AR.

174. — Pièce de 3 gros de 1811. E.

## Pologne annexée à la Russie (1815).

175. *Alexandre*, empereur de Russie (1815-1832). — Pièce de 10 groszy, de 1831. Billon.

176. *Nicolas*, empereur de Russie (1832-    ). — MIKOLAY. I. CES. WSZ. ROSSYI. KROL. POLSKI. PANVLACY. Aigle impériale chargée d'un manteau d'hermine et de l'aigle de Pologne. Au-dessus, 1832 ; au bas, 5 ZLOTYCH POLSKICH. Les lettres K. G. R. ALEXANDER. I. CES. ROS. WSK. RZESICIEL. KROL. POLS. 1815. Buste à droite de l'empereur Alexandre. AR.

## Grands-ducs de Lithuanie.

177. *Sigismond Auguste*, de Pologne (1547-1575). — SIGIS. AVG. D. G. REX. PO. MAG. DVX. L. Tête couronnée à droite. R. MONETA. MAGNI. DVCAT. LITV. 1566. Deux écussons couronnés. Au-dessous, le chiffre IIII. AR.

178. — Autre de 1569. AR.

 Deux pièces.

179. — SIGIS. AVG. D. G. REX. PO. MAG. DVX. LI. Aigle de Pologne. R. MONETA. MAGNI. DYCAT'. LITVA. Cavalier de Lithuanie. 1550. AR.

180. — Autre de 1547.

181. *Etienne Bathori* (1575-1586). — STEP. D. G. REX. PO. M. D. D. Tête couronnée à droite. R. III. GROS ARG. TRIP. M. D. LIT. en quatre lignes. Dans le champ, 1583 ; au-dessus, l'écusson de Bathori entre l'aigle et le cavalier. AR. Appel., n° 1691.

182. *Sigismond III* (1587-1632). — SIG. III. D. G. REX. DO. M. D. L. Buste couronné à droite. R. Comme la précédente ; seulement, la date 1594 se trouve au bas. AR. Appel., n° 1694.

183. *Jean Casimir* (1633-1668). — IOAN. CAS. REX. Buste lauré à droite. R. SOLI(dus) MAG. DVC. LIT. 1661. Cavalier à gauche. Au-dessous, une petite tête. *Cuivre.*

# PRUSSE.

## Grands-maîtres de l'ordre Teutonique.

184. *Weinrich* de Kniperode (1351-1382). — MAGST : WYN-
RICS : PRIMS : Ecusson du grand-maître. Aigle de Prusse. R.
MONETA. DNORVM. PRVCI. Croix de l'Ordre. AR. *Schilling*.
*Rev. de Berlin*, 1841, n° 1099.

185. *Conrad* I. Czolner de Rothenstein (1382-1390). — MONETA.
DVMINORVM. PRVSSIE. Ecusson entouré de six arceaux. R.
HONOR. MAGISLRI. IVDICIVM. DILIGIT. Croix fleuronnée. AR.
*Halbschoter*. Vossberg. Preuss. Munz, pl. III, n° 113, Appel.,
n° 5.

186. — MAGISTER. GENERALIS. Croix du grand-maître. R. DO-
MINORVM. PRVSSIE. Croix. AR. *Vierchen*. Vossberg, pl. III,
n° 121, Appel.
    Deux pièces.

187. *Conrad* III. de Jungingen (1394-1407). — MAGST'. CORA-
DVS : TERCI : Même type. R. MONETA. DNORVM. PRVC. Ecusson de l'Ordre. AR. *Schilling*. Vossberg, n° 187, pag. 3.

188. — Autre. MAGST'. CORADVS : TERCI'. Même type. R. MO-
NETA : DNORVM : PRVSI. Sur l'écusson, la lettre M(arienburg).
AR. *Schilling*. Vossb., n° 355, pag. 113.

189. *Henri I*, de Reuss-Plauen (1410-1413). MAGST : HINRICVS :
PRIMS. Même type. R. MONETA : DNORVM : PRVC. Croix de
l'Ordre. AR. *Schilling*. Vossberg. n° 597, p. 139.

190. *Michel* Kuchmeister de Sternberg (1414-1422). — MAGS |
T. MIC | HAEL | PRIM. | Ecusson chargé d'une croix dont les
branches divisent la légende. Sur tout, l'aigle de Prusse. R.
MONE | TA.DN. | ORVM | PRVC. | Ecusson.Croix.*Billon*. *Schil-
ling*. Vossberg, p. 140.

191. *Paul* Belenzer de Rüssdorff (1422-1441). — MAGST. PAV-
LVS. PRIM. Même type. R. Croix de l'Ordre. AR. *Schilling*.
Ibid., pag. 163.
    Deux pièces.

192. *Henri* II de Reuss-Plauen (1469-1470). — HENRICVS. LO-
CV(m) TENE(n)S M(agistri). Ecusson du grand-maître. Au-
dessus, une étoile. R. ...DNORVM : PRV. Croix de l'Ordre, surmontée d'une petite croix. AR. *Schilling*. Vossberg, n° 898,
pag. 177.

193. *Henri* de Richtenberg (1470-1477. — MAGISTER. HINRIC.
Même type. R. MONE. DOMI. PRV. Croix de l'Ordre. Au-dessus,
H. AR. *Schilling*. Vossberg, p. 181, pl. IX, n° 947.

194. *Martin* Truchsess de Wetzhausen (1477-1479). — MAGIST.
MARTINVS. P. Même type. Etoile. R. MONETA. DNORVM. P.
Même type. AR. Vossberg, n° 1063.

195. *Jean* de Tieffen (1489-1497). — MAGS. | T. IOHN | S. DE.
T | IFENI. Même type. R. MONETA. DNORVM. PRVS : AR.
Vossberg. n° 1118.

196. *Albert*, margrave de Brandebourg (1511-1525). — ALBER-
TVS. D : G. MGR. GENRALS : Aigle de Brandebourg chargée en
cœur des armes de Hohenzollern. R. SALVA NOS : DOMINA

1515. Ecusson du grand-maître traversé par une longue croix. AR. *Groschen*. Vossberg, n° 1173.

197. *Jean-Eustache* de Westernach ( 1625-1627 ). — IO. EVSTA-CHIV. G : G : ADM : DES. HOCHMAISTE. I : PREVS : MAI : TEVT. Ecusson écartelé de l'ordr e et de Westernach. Sur le tout, l'aigle de Prusse. ORD : IN. TE : V. WEL LLAND : HE : ZV. FREVD. V : EVL : A ; 1625. La Vierge et l'Enfant Jésus. + R. *Thaler*.

198. *Jean Gaspar* d'Ampringen (1664-1584). — MAGNVS. MA-GISTER. DOM. IN. FREVDENTHAL. ETEVLENB : A : 1666. Même type. R. IO : CASP : D : G : ADMINISTRATOR : PRVS-SIE : TEVTON : ORD : Ecussons de l'ordre et du grand-maître. AR. *Thaler*. Ampach, n° 8729.

199. — IO. CASP : D : G : ADMI : PRVSS : TEV. ORD : M. MAG : D : IN : FRETEVL. Buste du grand-maître à droite. R. CES : MAI : REG : HVNG : PLENIPOT : GVBERNATOR. 1680. Sur un écusson, la Vierge et l'Enfant Jésus, type de Hongrie. Dans le champ, DEO. DVCE. AR. *Demi-thaler*.

200. — Pièce de quatre Creutzer, de 1666, portant au revers les trois écussons de grand-maître. d'Ampringen et celui de l'Ordre. Au-dessus, IIII. Kreutzers. *Billon*.

201. *Charles Alexandre* de Lorraine (1761-1780). — C. A. D. G. S. A. B. G. O. T. A. E. P. G. E. I. M. M. D. L. E. B. S. R. I. E. C. A. R. A. M. M. T. D. L. P. E. G. G. B. A. Deux aigles couronnées supportant l'écusson de Lorraine chargé de la croix de grand-maître. R. Au-dessous d'une croisette, NATVS | 12. DE-CEMBER 1712 | ELECTVS | IN. SVPR. ADM. PRVSS. | ET. M. MAG. O. T. | 3 MAY. 1761 | DEFVNCTVS | 4. IVLV. 1780. | R. I. P. en neuf lignes. Au bas, 120 EI NE. F(eine) MARCK. AR. Monnaie frappée en commémoration de la mort du duc. Appel., Geistlich, p. 197, n° 4.

202. *Maximilien*, archiduc d'Autriche (1780-1801). — MAX. A. A. EL. IN. CO. — ADM. M. M. B. G. ETIT. Buste à droite, avec les insignes de la maîtrise. Sur le bras droit, les lettres W. H. Au bas, ACCL. OM. VOT. 3. OCT. 1766. INS. 9. IVLI. 1770. en trois lignes. R. CAR. D. LOTHAR. MAG. ORD. TEVTON. MAG. Buste à droite, manteau, croix de l'Ordre. AR. Appel., ibid., n° 1.

## Royaume de Prusse.

203. *Frédéric I* (1701-1713). — FRIDER. D. G. REX. BORVSSIAE. EL. BR. Buste à droite. R. SVVM. CVIQVE. Ecusson couronné à dix quartiers. Sur le tout, l'aigle de Prusse. Au bas, 1702. ($\frac{1}{2}$) et dans le champ. C. S. AR. *Goulde*. Appel., p. 727, n° 12.

204. *Frédéric-Guillaume* (1713-1740). — FRID. WILH. D. G. REX. BORVSS. EL. BRAND. Buste cuirassé à droite. R. NACH. DEM. STETTIN. SAMBT. DEM. DISTRICHT. ZWISCHEN. DER. ODER. VND. DER. PEHNE. VON. DEN. SCHWEDEN. AN. PREVS-SEN. GEDIERET. WORDEN. HABEN. DIE. VNTERTHANEN. IHRE. HVLDIGVNG. GELEISTET. DEN. IO. AVG. 1721. en treize lignes. AR.

205. *Elisabeth I* de Russie (1759-1762). ELISAB : I : D : G : IMP : TOT : RVSS. Buste à droite. R. MONETA : REGNI : PRVSS.

Aigle de Prusse à une tête, couronnée, tenant le sceptre et le globe. Sur la poitrine, un écusson avec le chiffre 3. Exergue, 1760. AR. *Pièce de 3 gros de Prusse.* Chaudoir, tom. II, n° 1370.

206. Autre semblable, avec le chiffre VI et la date 1761. AR. *Chestak* ou *six gros de Prusse.* Ibid., n° 1365.

207. — Autre. R. Aigle de Prusse, à côté des pattes 1761. Dans l'exergue, 6. EIN. TH. COUR. AR. *Pièce de 4 bons gros ou sixième de thaler.* Chaudoir, 1356.

208. — Autre. Mêmes types. 3. EIN. R. TH. COUR. AR. *Tiers d'écu de Prusse.*

> Pièces frappées en Prusse pendant l'occupation par les troupes russes.

209. *Frédéric II (1740-1786).* — FRIDERICVS. BORVSSORVM. REX. Buste couronné à droite. R. EIN. REICHS. THALER. Aigle de Prusse sur un trophée. Au-dessous, 1786, et la lettre A (hôtel monétaire de Berlin). *Thaler.*

## VILLES DE PRUSSE.

### Dantzick.

210. *Sigismond I, roi de Pologne (1506-1548).* — SIGIS. I. REX. PO. DO. TOCI. PR. Buste à droite. R. GROSSVS. CIVI. DANCZ, 1531. Les deux croix de Dantzick surmontées d'une couronne. *Billon. Groschen. Revue de Berlin,* 1841, n° 419.

211. — SIGIS. I. REX. POLO. DO. TO. PRV. Buste couronné à droite. R. III. GROSS. AR. TRIP. CIVI. GEDANEN. 1539. Ecusson de Dantzig. AR. Pièce de *trois groschen. Revue de Berlin,* 1841, n° 394.

### Elbingen.

212. *Sigismond I.* — GROSS. AR. TRIPLEX. CIVI. ELBIN. Armes de la ville. R. III. SIGIS. I. REX. POLONIE. DO. TOCIVS. PRVS-SIE. 1540. AR. *Dreigroschen. Revue de Berlin,* 1844. Elbinger, M. n° 51.

> Deux pièces.

### Duché de Silésie.

213. *États de Silésie (1621-1635).* — MONETA. ARGENTEA. SI-LESIE. III. TALERO. Aigle de Silésie. 1621. Au-dessus et en bas, deux petites contre marques. AR. Flan carré. Duby, *Obsidionales,* pl. XXIII, n° 9. Appel., n° 3151.

214. — MON. PRINC. ET. STAT. EVANG. SIL. Aigle. Dans le champ, H. R. Au bas (3). R. SI. DEVS. PRO. NOBIS. QVI. CON-TRA. NOS. 1634, en six lignes. *Billon.* Appel, 3154.

215. — Même légende et même type. R. SI. DEVS. P. N. — Q. C. NOS. 1635. Ecusson. Au bas (w). *Billon.* Appel., n° 3155.

### Branche de Liegnitz et Brieg.

216. *Jean Christian et Georges Rodolphe (1602-    ).* — D. G. IOAN. CHR. ET. GEOR. RVD. F. Aigle de Silésie. Au bas (3). R. DVC. SIL. LIG. ET. BRIEG. 610. Aigle et échiquier de Liegnitz. Dans un cartouche, 24. *Billon.* Appel., n° 3221.

### Jagerndorf.

**217.** *George Frédéric* (    -1603). — MO. NO. ARG. GEOR. F. MAR. BRAN. Z. SL. DVC. Le margrave à droite tenant le sceptre dans la main droite. R. SI. DEVS. PRO. NOBIS. QVIS:CONTRA: NOS. 1599. Croix cantonnée des quatre écussons de Zollern, Silésie, du burgrave de Nuremberg, de Poméranie, au centre l'aigle de Brandebourg. AR. *Double thaler.* Appel., n° 3362.

### Ducs de Mecklembourg.

**218.** *Henri* (1503-1552). — HENRICVS. DEI. GRACIA. DVX. ME-GAPOLI. (Le D de DVX est remplacé par un G retourné.) Le duc de face. R. MONETA. NOVA. GVEVES. MOLENSIS. XXXX. Cinq écussons disposés en croix. AR. *Thaler.* Appel., n° 2124.

**219.** *Christiern Louis*, de Mecklembourg-Schwerin (1658-1692). — CHRISTIAN. LVDOV. D. G. DVX. Buste à droite. Au bas, ⅞. R. MECKLENBVRGENSIS. 1678. Écusson couronné supporté par deux anges. Les ordres de Saint-Michel et du Saint-Esprit. AR. Appel., n° 2141.

### Electeurs de Hanovre.

**220.** *Georges III* d'Angleterre (    -1820).—GEORGIVS. III. D. G. BRITANNIARVM. REX. F. D. Armes d'Angleterre. Sur le tout, un écusson surmonté du bonnet d'électeur; le tout entouré de l'ordre de la Jarretière. Au bas, T. W. R. BRVNSVICENS ET. LUNEBURG. DVX. S. R. I. A. T. ET. E. 1813. Au milieu, ⅞ 20 EINE. FEÍNE. MARK. AR. Appel., pag. 199.

### Abbés de Werden et Helmstadt.

**221.** *Hugues de Assindia* (1615-1646). — HVGO D : G. WER-DINENSIVM. ET. HELMONS. ABBAS. Au bas, écusson surmonté d'une mitre; dans le champ, la date 1636. R. FERDINANDVS. II. D : G. ROM. IMP. Aigle d'empire. AR. *Double thaler.* Cat. Ampach., n° 8932.

### Ville de Lunébourg.

**222.** — ECCE. AGNVS. DEI. QVI. TOLLIT. PECCATA. MVNDI. VISITAVIT. NOS. En seconde ligne, ORIENS. EX. ALTO. Saint Jean tenant dans ses bras un agneau. Dans le champ, un croissant à figure humaine. R. DA. PACEM. DOMINE. IN. DIEBVS. NOSTRIS. SI. DEVS. PRO. NOBIS. QVIS. CONTRA. NOS. en deux lignes circulaires; dans un écusson, une porte de ville à trois tours, casque et lambrequins. De chaque côté du cimier, un croissant et un lion. AR. *Thaler.* Appel. Stadte, p. 549.

## DUCS DE SAXE.

### Saxe Électorale.

**223.** *Jean Frédéric* (1532-1547). — IOAN'. FRID' DVX. SAX' ELECT' BVRGGRAF' MAIGD' FIERI FE... Buste de l'électeur à droite, tenant à deux mains son épée. R. SPES MEA IN DEO EST. 1539. Armoiries de Saxe. Au-dessus, trois heaumes surmontés de leurs cimiers. *Thaler* d'un beau style.

**224.** *Jean George I* (1611-1656).—IOHAN : GEORG : D : G : DVX
SAX : IVL : CLIV : ET MONTI : Buste à droite. Dans la main
droite, l'épée; dans la gauche, le casque. R. SA : ROM : IMP.
ARCHIM. ET ELECT. 1626. Ecusson de Saxe surmonté de
6 casques. *Double thaler.*

**225.** *Frédéric Auguste I* (1694-1733). — D. G. FRID. AUGUST.
REX POLONIARUM. Buste lauré, cuirassé, à droite. R. DUX.
SAX. I. C. M. A. et W. S. R. I. ARCH. et EL. 1702. Les deux
écussons de Pologne et de Saxe. Au-dessous, $\frac{2}{3}$ AR.

**226.** — Autre, avec la date 1703.

**227.** — Autre. 1722.

**228.** — D. G. FRID. AUG : REX POL : DVX SAX : I. C. M. A. et
W. Même type. R. Ecusson de Pologne. Sur le tout, les armes
de l'électeur. 1714. Or.

**229.** *Frédéric Auguste II* (1733-1763). — *Tiers, sixième et vingt-
quatrième de thaler,* d'années différentes.
Six pièces.

**230.** *Frédéric Christian* (1763). — D. G. FRID. CHRIST : PR : R :
POL. et L : DVX SAX, Buste à droite. R. IVL : CL : MONT : A :
et W : S : R : I : ARCHIM : et ELECTOR. 1763. Armes de Saxe
et Pologne. *Thaler.*

**231.** *Xavier* (1763-1768). — XAVERIVS D : G : REG : PR : POL. :
et LITH : DVX : SAX : Buste du Régent à droite. R. ELECTO-
RATVS SAXONIAE ADMINISTRATOR. Ecusson de Saxe. *Thaler.*

**232.** — Autre. R. ZVR ERMVNTERVNG DES FLEISSES. etc. 1765.
*Thaler.*

### Saxe-Weimar.

**233.** *Frédéric* (1622). — FRIDERICVS SENIOR DVX SAXON. IVL.
CLI. MONT. LIN. VIN. Le duc, à droite, tenant son casque dans
la main gauche. R. BENE TRANSIT HABET IN COELO PATRIAM.
La légende coupée dans le haut par l'écu de Saxe. *Double thaler,* commémoratif de la mort du prince.

**234.** *Bernhardt* ( -1639).—BERNHARD D. G. DVX. SAXO. IVL.
CL. ET. MON. Buste de face, au bas les armes de Saxe. R. QVOD
DEVS VVLT HOC SEMP. FIT. Le nom de Jéhovah en hébreu,
entouré de rayons. Maintenant une couronne. Au-dessous, l'é-
cusson de Wurtzbourg. 1634. *Thaler.*

**235.** Pièce commémorative de la mort du duc. *Sixième de Thaler.* 1655.

### Saxe Altenburg et Weimar.

**236.** *Frédéric Guillaume* a Altenburg et *Jean* a Weimar.—D. G.
FRI. WIL. DV. SAX. LAN. THV. E. MAR. MI. MO. IMP. Légende coupée par six petits écussons. Le duc vu de face dans le
champ, la date 1580. R. D. G. IOHAN. DV. SAX. LAN THV. E.
MAR. MIS. Buste de face de Jean. *Double thaler* d'un bon travail.

### Gotha.

**237.** *Jean Frédéric I* ( -1547).—H. H. F. K. (Herzog. Hans.
Friedrich. Kurfürst). 1547. Armes de l'électeur de Sxe. AR.
flan carré. Appel., n° 18, pag. 262.
Pièce frappée pendant la guerre de Smalkalde.

238. *Jean Frédéric II*, fils du précédent, assiégé par l'électeur
Fréd. Auguste (1567).—H. H. F. G. K. (Herzog. Hans Friedrich
Geborner Kurfürst). 67. Même type. AR. Flan carré. Tob.
Duby, *Obsidionales*, pag. 49, pl. II.

239. — Autre plus grande avec la date en entier. 1567 et la lettre G(otha. AR. *Ibid.*)

### Comté de Schwarzbourg-Rudolstadt.

240. *Louis Gunther* et *Albert Gunther* (    -1634). — LVD. GVN.
ALB. GVN. COM. IN: SCHWARTZ. ET HONST. Saint Martin par-
tageant son manteau avec un pauvre. 1605. R. GVNT. AN.
HEIN: CAR. GVN. HA. GVN. CH. GVN. Ecusson. AR. *Thaler*.

## WESTPHALIE.

### Osnabruck.

241. *Assiégée par les Suédois* (1633). Saint Pierre avec la triple
couronne, tenant les clefs au-dessus d'un écusson. Dans le
champ, 1633. Flan carré frappé d'un seul côté. Tob. Duby,
*Obsidionales*, pl. XII, n° 4.

### Evêques de Munster.

242. *Louis* de Hesse (1310-1359). — LODEVICVS. EPISCOPVS.
L'évêque assis, la dextre élevée, dans la gauche un livre. R.
SANCTVS. PAVLVS. Saint Paul une épée à la main. AR.

243. *Potho* de Potenstein (1381-1387). — MONETA. MON. S'.
Saint Paul nimbé, barbu, l'épée à la main.

244. *Christophe Bernard* de Gallen (1650-1678). — A. R^{MO} CEL^{MO}.
DD. CHRISTOPH. BERN. EP. ET. PRINCIPE. MONAST. A°
MDCLXI. Au-dessus de la ville de Munster, saint Paul l'épée à
la main. S. PAVLVS PATRON. Au bas, MONAST. WESTPH. AD.
OBED. REDVCTVM. R. PROTECTOR MEVS. ET. IN. IPSO. SPE-
RAVI. QVI. SVBDIT. POPVLVM. MEVM. SVB. ME. Ps. Armes
de la ville et de l'évêque. Cinq heaumes avec leurs cimiers. Au-
dessus la date de 1650? AR. *Double thaler*.

> Rare et intéressant.

### Dortmund (VILLE IMPÉRIALE).

245. *Charles VII* de Bavière. — CARL. VII. D. G. ROM. IMP. S.
A. B. R. Buste de l'empereur, à gauche. R. MON. HOMAG.
CIVIT. I. TREMON. Aigle éployée de Dortmund. Dans l'exergue: DOM ine. CONS erva NOS. IN PACE. 1742. Dans le champ,
les lettres G. H. AR.

### Comté de Lippe-Schaumbourg.

246. *Guillaume I^er* (    -    ). WILHELMVS. I. DEI. GRAT: C:
REG. IN. SCHAVMB. Buste à gauche. Au bas, une rose. R. NO-
BILISSIM: DOM: AC: COM: IN: LIPP: ST. 1765. Ecusson.
Exergue. EIN. R. THALER. FEIN SILBER. AR. *Thaler*.

### Grand-duché de Berg et Clèves.

247. *Joachim Murat* (1806-1808). IOACHIM HERZOG ZU BERG

U : CLEVE. Buste à droite ; au-dessous T : S. R. BERG : UND CLEVISCHE LAND MUNZ. 1806. Dans une couronne XVI EINE FEINE MARK.

## Comtes de La Marck.

248. *Frédéric - Guillaume* de Brandebourg (     -1688).—FRID. WILH. V. G. G. MARGG. Z. B. R. Tête à droite. R. MONETA. NOVA. MARCANA. 1660. Billon. Cat. Bretfeld Chlumzanzki, n° 973.

249. — Schilling de la même année. *Ibid.*, 497.

## Cologne (VILLE IMPÉRIALE).

250. — IASPAR. MELCHIOR. ET. BALTASAR. Les trois rois le sceptre à la main. Au-devant, l'écu de Cologne. Dans la légende, trois écussons. R. SANGVI'E. NI. ROSEO. REGNA VICERE SVPE'NA. Nef. AR. *Double thaler.*
Rare et très-beau.

## Electeurs de Trèves.

251. *Cuno* de Falkenstein (1362 - 1388). — CUNO ARCH...PS. TREVER'. Saint Pierre sous un portail gothique. Au-dessus un petit écusson de Trèves. R. PER. GAL. ARCAN. MONETA CON (fluentiæ). Double écusson dans une rose. AR. *Gros blanc.* Trier. munz. Variété du n° 39, pl. X.

252. *Jean VII* de Schonenberg (1581-1599). — IOAN. D. G ARPS. TREVEREN. ELECT. Saint Pierre debout. R. MONET. NOVA. ARG. CONFLVEN. Ecusson mitré écartelé de Trèves et Schonenberg ; derrière, crosse et épée en sautoir. Dans le champ, 15(87). AR. *Thaler*, flan carré. Cat. Ampach, n° 7110.

253. *Lothaire* de Metternich (1599-1623).— LOTHA. D. G. ARCH. TRE. PRI. ELEC. ADMI. PRM. Ecusson écartelé de Trèves et de Metternich. 1611. R. MONETA. NOVA. ARGEN TREV. La sainte Vierge portant la croix. AR. *Thaler*, flan carré.

254. *Jean Hugo* d'Oresbech (1676-1711). — CHVR. TR. LAND-MUNZ, etc. Ecusson. R. Saint Pierre. *Billon. Pièce de trois Albus.*

## Electeurs de Mayence.

255. *Daniel*, B. de Homberg (1555-1582). — MONETA. ARGEN-TEA. MOGVNTINEN. Saint Martin donnant à un pauvre une partie de son manteau. Au bas, un petit écusson avec la roue de Mayence. R. DANIEL. ARCH.I MOGVN. P. ELECTOR. 1567. Les armoiries de Mayence et Homberg. Heaumes, cimiers. AR. *Double thaler*. Madai, n° 395. Ampach, 6974.

256. *Jean Schweikard* de Cronberg (1604-1626). — AVSPICE. DEO. COMITE. FORTVNA. XVII. FEBRVRI. ANNO. MDCXIIII. Le château d'Aschaffenbourg. Au bas, LS. R. IOES. SVICAR-DVS. D: G: ARCHIEPS. MOGUNT. S. R. I. PRINCEPS. ELECTOR. Armes de Mayence et Cronberg. AR. *Dickthaler*. Appel, pl. CCXI, n° 1. Ampach, 6983.
Rare.

257. *Georges-Frédéric*, G. de Vollrath (1626-1629). — DVCATVS. NOVVS. AVR. ELECTOR. MOGVNT. en quatre lignes dans un

carré orné de fleurons. R. GEORGI. FRIDER. D. G. ARCHIEP.
MOG. P., E. EP. WOR. Ecusson écartelé de Mayence et Vollrath.
1628. *Or. Ducat.*

**258.** *Damien Hartardt* de la Leyen (1675-1678). — DAMIAN.
HARTARD. D. G. ARCHIEPVS, MOGVNTINVS. Buste de l'archevêque à droite. R. S. R. I. P. GERM : ARCHICAN. et PRIN : EL:
EPS : WOR. 1676. Ecusson écartelé de Mayence et Worms. Sur
le tout, celui de l'électeur. AR. Au-dessus, une croix pastorale
et quatre heaumes. AR.

**259.** *Anselme-François* d'Ingelheim (1679-1695). — ANSELM'
FRANC. D. G. ARCHIEPS. MOGVNTINVS. Buste à droite. R. S.
R. I. P. GERM. ARCHICAN. PRINC. ELECTOR. 1694. Armoiries
de Mayence et de l'électeur. AR.

**260.** *Frédéric-Charles-Joseph* d'Erthal (1774-1802). — FRID.
CAR. JOS. A. EP. ET. EL. MOG. EP. W. Buste à droite. R. SA-
LVS PVBLICA. Ecusson. 1795. Les lettres I. A. OR.

**261.** — Comme prince primat (1802-      ). — CARL. FVRST.
PRIMAS. Buste à droite. R. X. EINE. FEINE MARK. Ecusson
de Mayence sur un manteau. Epée et crosse. Au bas, 1808. AR.
*Thaler.*

## PAYS-BAS.

### Zélande.

**262.** — MO. NO. ARG : PRO : CON—FOE : BELG : CO : ZEL : Cavalier galopant à droite et brandissant une épée. Au-dessous,
l'écusson de Zélande. R. CONCORDIA. RES. PARVÆ. CRESCUNT.
1655. Ecu aux armes des Provinces-Unies, supporté par deux
léopards. AR.

### Middelbourg.

**263.** *Assiégée par les Zélandais* (1572). — D. R. P. F. M. I. DD.
1572, en trois lignes. A gauche, les armes de Zélande. A droite,
celles de Middelburg. AR. Flan carré, frappé d'un seul côté.
Duby, *Obsidionales*, pl. III, n° 2.

### Utrecht.

**264.** — MO. ARG. ORD : FOED : BELG : TRAI. Lion tenant une
épée et un faisceau de flèches. Dans le champ ⁷⁄ Gᴸ. R. HANC.
TVEMVR. HAC. NITIMVR. La liberté debout contre un autel et
appuyée sur la Bible. Au bas, 1794. AR.

### Brabant.

**265.** — DVX. BRABANTIE. Ecu de Brabant. R. MONETA. LOVA-
NIES (Louvain). Croix fleuronnée. AR.

**266.** — Mêmes types. R. MONETA. LOCEBGES (Luxembourg).
AR.
     Deux pièces.

**267.** *Guillaume.* — WILHELMVS. DVX. Même type. R. MONETA.
DVRENSIS. Croix fleuronnée. AR.

**268.** *Charles le Téméraire* (1467-1477).— KAROLVS. DEI. GRA.
DVX....... Armes de Bourgogne, au milieu le lion de Brabant.

R. MONETA. NOVA. DVC. BRAB. Croix cantonnée de deux fleurs de lis et deux lions. Au centre, un lion. AR.

269. *Philippe V* d'Espagne. — PHILIPPVS. V. D. G. HISPA-NIARVM. ET INDIARVM. REX. Buste cuirassé et revêtu de l'ordre de la Toison-d'Or ; au-dessous, une main, marque de l'atelier monétaire d'Anvers. R. ARCHID. AVST. DVX. BVRG. BRABAN. Z. C. 1703. Armes d'Espagne supportées par deux lions. Au-dessous, 8. L. deux fois répété. AR.

270. *Charles III.* — CAROLVS III. D. G. HISP. ET. INDIARVM. REX. Croix de Brabant; de chaque côté, trois C entrelacés et surmontés d'une couronne. Briquet de Bourgogne et Toison-d'Or. R. ARCHID. AVST. DVX. BVRG. BRABAN. ZC. 1711. Armes d'Espagne, collier de la Toison. AR. *Ecu de Brabant.*

### Bréda.

271. *Assiégée par les Espagnols* (1624-1625). BREDA. OBSESSA en deux lignes. Au-dessus, la marque 2 (sous) ; au bas, les armes de la ville et la date 1625. AR. Duby, *Obsidionales*, pl. XI, n° 13.

### Flandre.

272. *Philippe le Bon* (1419-1467).—PHS. DVX..... COMES. FLANDRIE. Lion chargé de l'écu de Bourgogne. R. MONETA. COMIT... FLANDRIE. Croix cantonnée des quatre lettres F. L. A. D. AR.

273. *Charles le Téméraire* (1467-1477).—KAROLVS. DEI. GRA. DVX. BV. CO. FL. Ecu de Bourgogne, au centre un lión. R. MONETA. NOVA. COMITI. FLAD. Croix cantonnée de deux lions et deux fleurs de lis. Au centre une fleur de lis. AR.

### Comtes de Looz.

274. *Louis de Chiny* (1323-1336). — LVDOVIC. COMES. LOSEN. Aigle. R. MONETA. NOVA. HASLNSIS. Croix fleuronnée. AR. *Gros à l'aigle. Revue belge,* 1842, pag. 170, a, pl. IV, n. 7.

### Maestricht.

275. *Assiégée par les Espagnols* (1579).—PROT. D. POPV. TV. PROP. NO. TVI. GLO. Armes de la ville. R. TRAIEC. AB. HIS. OBS. PRO. IVS. CAVS. DEFENSIONE en quatre lignes. Exergue XVI (sols). Epée. E. Duby, *Obsidionales*, pag. 82.

### Bronchorst.

276. *Guillaume* de Limbourg. — WILHELM. CO. DE. LIM. Le comte sous un portail. R. MONE. NOVA. BROCV. Ecusson de Bronchorst accosté de trois autres plus petits placés en triangle. AR. *Gros.*

### Evêques de Liége.

277. *Jean VIII de Heinsberg* (1419-1459). — IO. D........ E: LEOD. Ecusson posé sur une croix dont les branches traversent la légende. R. MO. NO. FAC LEOD. Perron. AE. *Demi-liard.* Renesse, d. 34, n° XII.

# ALSACE.

## Landgrave d'Alsace.

278. *Ferdinand* d'Autriche.—FERDI. D. G. AR. AUST. Croix fleuronnée. R. DVX. BVR. LA. ALS. Armes de la haute Alsace. *Billon.*

## Mulhouse (VILLE IMPÉRIALE).

279. — MONETA. NOVA.MILHVSINA. 1623. Roue de moulin (Mülhausen) dans un écusson. R. EX. VNO. OMNIS. NOSTRA. SAL'. Aigle d'empire. AR. *Thaler.*

280. — Même légende. Armes de la ville sur une croix. R. Même légende. Sur l'aigle le chiffre 1; au bas, 1623.
> Non décrite par Berstett.

## Strasbourg.

281. Médaille. — LVDOV. XVI. FR. ET. NAV. REX. Buste à droite avec le nom de Guérin. R. ARGENTORATVM. FELIX. VOTIS. SECVLARIBVS. MDCCLXXXI en quatre lignes dans une couronne de chêne. AR.
> Frappée à l'occasion du jubilé de 1781. Berstett, pag. 85.

## Abbés de Murbach et Luders (LURE).

282. *André*, cardinal et archiduc d'Autriche (1587-1600).—ANDR. CAR. AB. AVS. MVR. ET. LVD. AD. Écusson aux armes de Burgau, Nellenburg, Feldkirch, Murbach et Lüders. Sur le tout les armes de Habsburg. R. RVDOLP. II. IMP. AVG. TEMP. Aigle d'empire; au milieu le chiffre 3. AR. Variété du n° 99—3 de Berstett.

283. *Léopold d'Autriche* (1601-1632).—SANCTVS. LEODEGARIVS. Le saint crossé mitré, tenant dans la gauche une tarière. Devant lui un écusson triparti d'Autriche, Murbach et Lüders. Au-dessous, une tête de chérubin. R. FERDINANDVS. II. D : G : ROM : IMP : SE : AVG : Aigle double éployée, couronnée. AR. *Thaler.* Berstett, n° 103, pag. 40.

284. — S. LEODEGARIVS. Saint-Léger tenant dans la droite la tarière, dans la gauche la crosse. R. MONETA. NOVA. MVR : ET LVDR. Le chien de Murbach et la main de Lure. Au-dessus, 1624; au bas, le chiffre 2. *Billon.* Berstett, n° 105.
> Deux pièces.

285. *Léopold Wilhelm d'Autriche* (1632-1662).—SANCTVS. LEODEGARIVS. Buste du saint à droite. R. MONETA. NOVA. MVR..... Les deux écussons surmontés de la mitre et de crosses en sautoir. Au bas, 12. *Billon.* Berstett, n° 106, pag. 41.

## Thann.

286. — MONET' NO' TANNENSI'. Armes de Thann. R. SALVE : CRVX. BEN'. Légende divisée par les quatre branches d'une croix.
> Non citée par Berstett.

287. — ✝ MONETA. NO'. TANNENS'. Semblable à la précédente. R. SALVE, etc., croix. *Billon.* Berstett, n° 266, pl. XII.

288. — S : THEOBALDVS : EPS : Le saint assis. R. MONETA. NOVA. TANNENSIS. Ecusson de la ville dans un entourage de trois lobes. *Billon.* Au type du n° 260 Berstett.

289. — S. THEOBALDVS. 1624. Le saint assis. R. MONETA. NOVA.TANNENSIS. Armoiries de la ville. *Billon.* Berstett, n° 268. Deux variétés.

### Comtes palatins du Rhin (BRANCHE DE VELDENZ).

290. *George Jean* (    -1592). — GE. IOAN. D. G. CO. PAL. RH. DV. BA. C. VEL. Buste cuirassé à droite. R. 1588. IN. VIA. VIR-TVTI. NVLLA. VIA. Deux lions tenant un écusson. Au bas, DEO. AVSPICE. AR. *Double thaler.*

291. *George Gustave* (1592-1634). — GE. GVS. D. G. C. PA. RH. DV. B. C. VE. Ecusson (15)92. R. RVDOL. Q. IMP. AVG. P. F. DEC. Globe surmonté d'une croix. AR. Appel, n° 2527.

### Comtes de Leiningen Westerburg.

292. *Louis* (    -1662). — LVD. C. I. L. E. R. D. I. W. S. E. F. S. R. I. S. L. Au 1 et 4 de Leiningen, au 2 de Rixingen, au 3 de Westerburg. Sur le tout, la croix d'Aspermont. R. MATTHI. I. ROM. IMP. S. A. Aigle d'empire. 3. AR. Appel, n° 1620.

293. *George Guillaume* (1662-1695). — GEORG. WILH. G. Z. L. H. Z. W. VS. D H R R S. F. Buste du comte coiffé d'une longue perruque. Au bas, ? R. SOLI. DEO. GLORIA. 1676. Ecu écartelé de Leiningen et Westerburg. Palme. Couronne. AR.

294. — Même lég., même type. Au bas, (XV). Kreutzer. R. SOLI. DEO. GLORIA. Aigle éployée. 1689. I. A. B. AR. Appel, n° 1623, tom. III.

295. — Autre, avec le chiffre (VI). Appel, n° 1624, *ibid.*

### Grand-duché de Bade.

296. *Léopold* (1830-    ). — LEOPOLD. GROSHERZOG. VON. BADEN. Buste à droite. R. FRIEDRICH. WILHELM. ALEXAN-DRINE. LVDWIG. Dans le champ, en huit lignes : UND | SO-PHIE. | GROSHERZOGIN | VON BADEN | BESUCHEN DIE. | MUNZSTAETTE. | DEN 28 FEBR. 1832. | HEIL IHNEN. | Au bas, KRONUNG THALER. AR.

### Ducs de Wurtemberg.

297. *Ulric* (1503-1550). — VLRICVS. DVX. WIRTEMBER. Buste à gauche. Au bas, les armes de Teck. R. MONETA. NOVA. STVCAR. Figure revêtue du costume épiscopal. Ecusson de Wurtemberg. AR.

298. — VLRICVS. DVX. WIRTE. Ecusson de Wurtemberg. R. COMES MONT BELLIG. Deux truites en pal pour Montbéliard. *Billon.*

299. *Jean Frédéric* (1608-1628). — IOHANN. FRID : D. G. DVX. WIRTE. Les trois écus de Wurtemberg, Teck et Montbéliard. Au-dessus, 2; dans le champ, 1628. R. ET. TEC. COM. MONT. DOM. IN. HEI. Bannière d'empire. *Billon.* Appel, 4328.

### Ulm (VILLE LIBRE).

300. *Assiégée par les impériaux* (1704). — MONETA. ARGENT.

REIP : VLMENSIS. Les armes de la ville d'Ulm; au-dessus, une
tête de chérubin. R. DA. PACEM. NOBIS. DOMINE. 1704.
Aigle d'empire. Flan carré. AR. *Florin.* Duby, *Obsidionales*,
pl. XVIII, n° 5. Van Loon, t. IV, p. 485.

### Comtes de Lowenstein-Wertheim
#### (BRANCHE DE ROCHEFORT).

301. *Jean Théodoric* (1635-1664). — IO. THEOD. IN. LEWENS-
TEIN. WERTH. ROCHEF. Ecusson aux armes de Lowenstein.
R. FERDINAND. II. D. G. ROM. IMP. SEMP. AVGVST. 1623.
Aigle d'empire. AR.

## BAVIÈRE.

### Constance (VILLE IMPÉRIALE).

302. — CONSTANTIA. Vue de la ville du côté du lac. Au-dessus,
les écussons d'Autriche et de Constance. 1623. R. Vingt-deux
écussons autour du grènetis; au milieu, cinq autres. AR. *Double
thaler.* Haller, tom. II, p. 410.
   Rare et bien conservé.

### Ratisbonne (VILLE IMPÉRIALE).

303. — Vue de la ville. Au-dessus, deux anges soutiennent
l'écusson de Ratisbonne, deux clefs en sautoir. R. BERN-
HARDVS. SAX. DVX. VICTOR. RATISPONAM. INGREDITVR. IV.
NOV. 1633, en sept lignes. AR. *Thaler.*

### Archevêque de Ratisbonne.

304. *Charles Théodore*, primat (1805-1817). — CARL. FVRST.
PRIMAS. DER. RHEIN. CONFOED. Buste à droite. R. X EINE.
FEINE. MARK. Ecusson de Mayence. Au bas, REGENSBURG. B.
H. et la date 1808. AR. Wambolt, 3846.

305. — CARL. FVRST. PRIMAS. DER. RHEIN. CONFOED. Buste à
droite. R. XX EINE. FEINE. MARK. REGENSBVRG. 1809, en
cinq lignes entre deux palmes. Au bas, B. AR. Wambolt, 3848.
Appel, pag. 425 et 426.

### Kauffbeuren (VILLE IMPÉRIALE).

306. — CAROLVS. V. ROMA. IMP. SEMP. AVGV. L'empereur à
droite tenant un sceptre. R. MONETA. NOVA. CIVITATIS.
KAVFBVR. Armes de la ville, 1543. AR. Appel, variété du
n° 1700.

## SUISSE.

### Principauté de Neufchâtel.

307. *Marie d'Orléans Longueville* (1663-1707). — MARIA. D. G.
PR. SVP. NOVI. CASTRI. Buste à droite. R. OCVLI. DOMINI.
SVPER. IVSTOS. Ecusson au 1 et 4 d'Orléans Longueville, au
2 et 3 de Neufchâtel et Valengin. Dans le champ, CR.(eulzer)20.
   Cliché de plomb d'une pièce peu commune.

308. *Henri* II (1595-1663). — HE. AV. DVX. LONG. D. G. PRI.

NOVICAS. Ecusson parti d'Orléans et Neufchâtel. La date 1648.
*Cuivre. Demi-Batz.*

309. *Frédéric Guillaume III*, de Prusse (1797-1806). — F. W.
III. REX. BOR. PR. SVP. NOVIC. et VAL. Buste à gauche, 1799.
R. SVVM. CVIQVE. Ecusson de Neuchâtel et Valengin. Sur l e
tout, l'aigle de Prusse. Dans l'exergue, 21. BZ (*Batzen*). AR.

### Barons de Vaud.

310. *Louis I ou II* de Savoie (1284-1350). — D'. SABAVDIA. Edifice avec un trèfle au-dessus du portail. R. LVDOVICVS : Croix
pattée cantonnée d'un besant et d'un trèfle. *Deux deniers* et *deux
oboles.*

Quatre pièces imitées des monnaies de l'évêque de Lausanne.

### Evêques de Lausanne.

311. *Roger de Riva* (1174-1211). — SEDES. LAVSANE. Edifice à
double fronton soutenu par cinq colonnes. Au-dessous, trois
points. R. CIVITAS. EQ'ESTRI'. Croix cantonnée d'un besant et
d'une hermine. *Denier.*

312. *Sébastien de Montfaucon* (1517-1535). — SEBASTIA. DE.
MON. EPS. Aigle sur un écu. R. ET. PRINCEPS. LAV. HR.
Croix. *Billon.*

### Genève.

313. *En guerre contre la Savoie* (1590). — Les armes de la ville.
R. P. XII SOLS. POVR. LES. SOLDATS. DE. GENEVE. 1590. en
six lignes. Æ. Duby, *Obsidion.*, pl. XXIII, 5.

314. — Autre de VI. SOLS. Ibid., n° 6.

### Princes de Misocco (GRISONS).

315. *Théodore Trivulce* (    -1678). — THEODORVS. TRIVL.
S.R.I....VAL. MISO. PRINCE. 1676. Buste à droite. R. CO.
MVSO..... BARO. RETENI. IMPERIA. XIV. ET. C. Les trois vi-
sages de Trivulce et la légende MENS. VNICA. AR. *Demi-Phi-
lippe.* Cat. Welzl., n° 2729.

316. — THEODORVS. TRIVLTIVVS. S. R. I. ET. VAL. MISOL.
(cina) PRI. 1676. Buste à droite. R. COMES. MVSOCCHI. X.
BARO. RET. IMP. XIIII. ET. C. Même type. AR. *Double Ducaton.*
Cat. Welzl., n° 2727.

### Empereurs d'Allemagne.

317. *Louis* II (840-875). — LVDOVICV Z. RE. Croix cantonnée de
quatre besants dans un grenetis. R. MOC.... CIVIT. (Mayence).
Portail. AR. *Denier.* Joachim, Groschen Cabinet, n° 7.

### Maison de Saxe.

318. *Othon I<sup>er</sup> le Grand* (936-973). — ODDO. OPIIII. O. Croix à
quatre besants. R. S. COLONIA., en trois lignes. AR. *Denier.*
Gotz, tabl. XIII, n° 124.

319. — ODDO XXIANVIRN. Croix, besants. R. S. COLONIA. *Denier.* Ibid., n° 127, et Mader. pl. III, n° 40.

320. *Othon et Adelheid.* — DI. GRA. RE.... Croix cantonnée des

quatre lettres ODDO. R. ATEAHL... Temple. AR. *Denier* de Magdebourg. *Revue de Berlin*, 1842, pag. 178.

321. *Othon II* (977-983). — OTTO REX.... Croix. R. SPIRA CIVITA. Temple. AR. *Denier.*

322. *Othon III* (983-1002). — OTTO IMPPATIO: Croix, besants. R. Temple. AR. *Denier.*

    Trois variétés.

323. *Henri III* (1039-1056). — H-IN-RI. Buste à droite, derrière la tête, R X. R. AVGωTA CIVA (Augsbourg). Croix cantonnée au 1 et 4 de trois besants, au 2 d'un point triangulaire et d'un annelet au 3. AR. *Denier.* Gotz, pl. XXI, n° **227**. Mader, tom. IV, n° 39.

324. *Henri IV* (1056-1106). — HEINRICHVS... Buste de face. R. Portail d'église avec deux tours; au-dessus, une croisette. AR. Gotz, pl. XXIV, n° 270.

    Trois pièces.

325 *Henri V* (1106-1125). — HEINR. S. REX. Tête couronnée de face. R. M....CIVI. Croix cantonnée d'un besant inscrit dans un croissant. AR. *Denier.* Gotz, pl. XXV, n. 308.

326. — Deux autres pièces. Ibid., n° 306.

327. *Conrad III* (1139-1152). — L'empereur de face, armé d'une épée, et tenant dans la gauche le sceptre. R. Eglise à deux tours. AR. Gotz, pl. XXVIII, n° 325.

328. *Richard d'Angleterre* (1157-1158). — RICA.... Buste de face dans un carré. R. .... MONIA (Dortmund). AR.

### Maison de Souabe.

329. *Frédéric I Barberousse* (1152-1190). — FRID.... L'empereur assis et couronné, tenant dans la droite une palme, dans la gauche le globe. R. Edifice à trois tours, au-dessous une tête couronnée. AR. *Denier.* Gotz, n° 351.

330. — Autre. Gotz, n° 348.

331. — Autre. Au revers de SANCTA. COLONIA. AR. Gotz, n° 353.

332. — Autre FREDERICVS AS. R. SANCTVS KAROLVS. Gotz, n. 356.

333. — Autre. Au revers de TREMONIA CIVITI... AR.

    Deux pièces.

334. *Othon IV* (1209-1214). — Tête couronnée de face. A droite, un lion. *Bractéate.* AR. Beyschlag., pl. V, n. 16.

335. *Frédéric II* (1211-1215). — FREDERIC IMPR. L'empereur de face, tenant une épée; dans le champ, à droite, une étoile. R. ROMA CAPVT. MVNDI. Edifice avec un portail. AR. Gotz, n° 441.

    Deux pièces.

336. *Henri.* — HENRICVS REX. Buste de face avec le globe et le sceptre. R. OPEN. (Openheim). Eglise. AR.

337. *Conrad IV.* — Buste couronné à gauche. R. .... CIA. Portail d'église à trois tours. AR. Mader, tom. IV, n° 55. Gotz, n° 464.

338. *Rodolphe de Habsbourg* (1273-1291) .—RVDOL... ROM. REX.

L'empereur, assis, tenant dans la droite l'épée nue ; dans la gauche, le globe impérial. R. VRBS. AQVENSIS. VIND. Portail surmonté de trois tours. Au-dessous, une couronne. AR. Gotz, n° 526.

Deux pièces.

339. — Autre de Dortmund. Gotz, n° 528.

340. *Adolphe* de Nassau (1292-1298). — ADOLFVS. ROM. REX. L'empereur assis. R. VRBS. AQVENSIS. VINCES. Eglise. AR. Gotz, pl. XLV, n° 529.

341. *Albert I* de Habsbourg (1298-1308). — ALBERT' ROM. REX. Même type. R. Comme le précédent. AR. Gotz, n° 535.

342. — Autre variété. Gotz, n° 536.

343. *Louis IV* de Bavière (1314-1347). — LVDOVIC. L'empereur de face. R. V...... ONIA. CIVITAS. Buste couronné dans un triangle. AR. Gotz, n° 558.

344. *Vicariat* (1711). — FRID : AVG : REX ELECTOR. Insignes royaux et électoraux. Au-dessous, VICARIVS. POST. MORT : IOSE : IMPERAT. MDCCXI. R. L'électeur à cheval. Ecusson de Saxe électorale. OR. Appel, I, pag. 90.

345. *Charles VII* (1742-1745). — CARL. VII. D. G. R. I. S. A. GERM. ET. BOH. REX. Buste lauré à droite. R. VTR : BAV : ET PAL : SVP : DVX : COM : PAL : RH : ARCHID : AVST. S. R. I. E. L. L. Armes de Palatinat surmontées d'une couronne. 1743. AR.

346. *Vicariat* (1745). — D. G. FRID : AVG : R : P : D : S : AM : ETC : EL : IN PROV : IVR : SAX : PROVISOR ET. VICARIVS. L'électeur de Saxe galopant à droite. R. DECVS ET PRÆSIDIVM. Aigle éployée. Exergue : PROVISOR IMPERII ITERVM. OR. Appel., p. 95.

347. *François* (1745-1765). — FRANC. D. G. R. I. S. A. GE. IER. R. LO. B. M. H. D. Buste à droite. R. IO EINE. MARCK. 1762. Ecu de Lorraine et de Toscane. Exergue : LEGE. VINDICE. S. S. IM. F. (N). AR. Appel. Deutschland, p. 101.

## Autriche.

348. *Ladislas Postumus* (1457). — Demi-bractéate avec l'écusson d'Autriche et les lettres L. R. AR. *Pfennig*. Mader, tome 2, n° 17.

349. — Demi-Bractéate. Mader, ibid., n° 13.

350. — Autre.          Ibid., n° 7.

351. — Autre.          Ibid., n° 24.

## Comtes de Tyrol.

352. *Sigismond* (1439-1496). — SIGISMVND'. ARCHIDVX. AVS-TRIE. L'archiduc à droite, tenant un sceptre ; la main gauche sur la garde de son épée. R. + GROS'. COMITIS TIROL. Croix traversant la légende et cantonnée des quatre écussons d'Autriche, Tyrol, Carinthie et Bourgogne. AR. *Gros*. Hergott.

Deux pièces.

353. *Maximilien I* (1496-1519). — MONETA. ARCHIDVC. AVS-TRIE. Même type. R. AC. COMITATVS. TIROLIS. Comme le précédent, à l'exception de l'écusson de Bourgogne remplacé par celui de Hongrie. AR. *Gros*. Hergott, pl. XVI, n° 63.

**354.** *Ferdinand I* (1521-1564). — FERDINAN. PRINC. ET. INF. HISP. Même type. R. ARCHID'. AVST. COMIT. TIROL. Croix , quatre écussons. AR. *Gros.* Cat. Welzl., nᵒ 9222.

**355.** *Ferdinand*, archiduc (1564-1595). — FERDINANDVS. D. G. ARCHID. AVSTRIE. Même type. R. DVX. BVRGVNDIAE. COMES. TIROLIS. Écusson chargé de celui du Tyrol. 1567. AR. Cat. Welzl., nᵒ 9248.

**356.** *Maximilien* (1612-1620). — MAXIMIL : D : G : ARCH : AV : DVX : BVRG : STIR : CARINT. Tête à droite, dans le champ , 1614. Le tout dans une couronne. Au bas, c. ö. R. ET : CARN : MAG : PRVSS : ADMI : COMES : HAB : ET : TYROLI. Ecusson chargé de la croix teutonique. AR. *Thaler.*

**357.** *Ferdinand II* ( 1620-1623). — FERDINANDVS. II. D. G. ROM. IMPER : SE : AV. GE : HV : BOH : RE. Buste de Ferdinand à droite ; dans le champ, 1623. R. NEC. NON. ARCHIDV-CES. AVS. DVC. BVR. COMITES. TIRO. Ecusson. R. *Thaler.*

**358.** *Léopold* (1623-1632). — LEOPOLDVS. ARCHID : AVS : ET : CLAVDIA. ARCHIDVCISA. AVS : MEDIC. Bustes accolés à droite. R. DVX. BVRGVNDIAE. COMES. TIROLIS. Aigle éployée, au-dessus une couronne. AR. *Double thaler.*

**359.** *Ferdinand Charles* (1632-1662). — FERDINAND : CAROL : D : G : ARCHIDVX. AVST. Tête à droite. R. DVX. BVRGVN-DIAE. COMES. TYROLIS. Aigle. AR. *Double thaler.* Cat. Welzl., nᵒ 9325.

**360.** — *Gros* de 1643. *Billon.*

**361.** *Sigismond François* (1662-1665). — Autre de 1664.

**362.** *Léopold IV* (1665-1705).— Autre de 1674.

**363.** — LEOPOLDVS : D : G : ROM : IMP : S : A : G : H : B : REX. Buste lauré cuirassé à droite dans un entourage de lauriers. R. ARCHIDUX AVST : DVX : BV : COM : TYROLIS : Aigle éployée. AR. *Double thaler.*

**364.** *Charles* (1711-1740). — CAROL'. VI. D. G. ROM. IMP. S. A. GER. HISP. HV : BO : REX. Buste lauré à droite. R. ARCHIDVX. AVSTRIÆ. DVX. BVRG. COM. TYROL. 1714. Aigle impériale, écusson. AR. *Thaler.* Cat. Welzl., nᵒ 9384.

## Patriarches d'Aquilée.

**365.** *Grégoire de Montelongo* (1252-1273). — GREGORIVS. PA. Le patriarche assis avec la croix dans la main droite et un livre dans la gauche. R. AQVILEGIA. Un lis entre quatre rosettes. *Denier.* AR.

**366.** *Raymond de la Tour* (1273-1298). — RAMVNDV'. PA. Même type. R. AQVILEGENSIS. Deux sceptres terminés par des fleurs de lis. *Denier.* AR.

**367.** — Comme le précédent. R. AQVILEGENSIS. Grande croix. Dans les deux cantons du haut, une clef, dans ceux du bas, une tour. *Denier.* AR.

**368.** — RAIMONDV' PA. Même type. R. Même légende, une tour à deux étages. *Denier.* AR.

**369.** *Pierre de Gerra* (1299-1302) — PETRVS. PATRA. Même type. R. AQVILEGENSIS. Ecusson de Gerra sur une aigle éployée qui est d'Aquilée. *Denier.* AR.

370. *Ottobonus de Razzis* ou *Robarius* (1302-1315). — OTOBONVS. PA. Le patriarche tenant le livre et la croix, et devant lui, dans un écu, l'aigle d'Aquilée. R. Armoiries d'Ottobon, entourées de la légende AQVILEGENSIS. *Denier.* AR.

371. *Marquard de Randeck* (1365-1381). — MARQVARDVS. PATA. Globe sur un carreau. Au-dessous, M. R. Croix à huit branches avec AQUILEGENSIS. *Denier.* AR.

372. *Philippe d'Alençon* (1381-1388). — FILIPVS CARDINALIS. Ecu d'Alençon. R. PATRIARCHA AQVILENSIS. Aigle éployée. *Denier.* AR.

373. *Jean de Moravie* (1388-1395). — IOANES. PATRIARCA. AQVI. Aigle éployée échiquetée de Moravie. R. S. HERMACHORAS. Le saint assis. *Denier.* AR.

374. — IOANES PATRIHA. Ecu d'Aquilée, surmonté d'un heaume entre deux rosettes. R. SANTVS HERMACHORAS. Buste du saint. *Denier.* AR.

375. *Antoine Cajetan* (1395-1402). — ANTONIVS PATRIARCA. Ecusson du patriarche. R. AQVILE GEN SIS. Croix cantonnée de quatre roses. *Denier.* AR.

376. *Antoine de Portogruario* (1402-1412), ANTONIVS PATRIARCA. Ecu du patriarche. R. AQV * ILE * GEN * SIS *. Aigle éployée dans le champ. *Denier.* AR.

377. *Louis de Tech* (1412-1435). — LUDOVICVS DVX DE TECH. Ecusson. R. PATRA. AQVILE. La Vierge assise, tenant dans ses bras l'Enfant Jésus. *Denier.* AR.

### Braunau.

378. *Assiégée par les Autrichiens* (1742). — BRAVNAV. Entre deux palmes, les armes de Saxe. Au bas, la date 1742. Pièce octogone en étain, frappée d'un seul côté. Duby, ibid. Cat. Welzl., 9492.

### Evêché de Gurk.

379. *Mathieu Lang de Wellenburg* (1519-1540). — MATHEVS. CARD. ARCHIEPS. SALZBVRG. BVRG. AC. EPVS. GVRCEN. Le cardinal coiffé de la barrette. M.D.X.X.I. Dans la légende, trois écussons. R. ORA. PRO. NOBIS. DEVM. SANCTA. VIRGO. RADIANA. AR. *Goulde.*

Rare.

### Merano.

380. — COMES. TIROL. Aigle éployée. R. DE MARANO. Croix allongée. AR. *Denier d'argent.* Cat. Welzl., 9171. Appel, III, n° 3741.

Deux pièces.

### Comtes de Montfort-Bregenz.

**381.** *Hugues* (1607-1662). — MO. NO. HVG. CO. I. M. FORT. 27.
Gonfanon de Montfort. R. FERD. II. S. R. IMP. etc. *Billon*.
**382.** *Jean* (1662-1686). — Ecusson couronné. 1676. *Cuivre*.
**383.** *Antoine* (1686-1706).—ANTONIVS. COM. IN. MONTFORT. 94
Ecusson, heaume avec une mitre pour cimier. R. LEOPOLDVS.
D. G. ROM. etc. *Billon*.
**384.** *Antoine II* (1706-1730). — *Billon*.

### Comte de Trautson.

**385.** *Paul Sixte* (1615-1620). — PAVLVS. SIXTVS. TRAVTHSON.
COMES. Buste à droite. Au bas, un fer à cheval, armes de
Trautson. R. IN. FALKENSTEIN. AVREI. VELL. EQVES. Ecus-
son surmonté de l'aigle d'empire, collier de la Toison-d'Or.
Dans le champ, la date 1620. AR. Flan carré. Cat. Welzl.,
n° 11110.

### Evêché de Trente.

**386.** *Frédéric de Wanga* (1207-1218). — EPS. TRIDENTI. Buste
à gauche de l'évêque, la dextre élevée; dans la main gauche,
une crosse. R. INPERATOR. Dans le champ, la lettre F accostée
d'une petite croix. AR. Giovanelli, pag. 34. Cat. Welzl.,
n° 11121.
**387.** — Autre avec IMPERATOR. AR.

### Vienne.

**388.** *Assiégée par les Turcs* (1529).— Armes d'Autriche accostées
de trois écussons et surmontées d'une couronne. R. TVR CK.
BLEG. ERT. WIENN DEN. XXIII. TAG SEPTEMBER. ANNO. D.
1529. (Les Turcs assiégèrent Vienne le 23 septembre l'an 1529.)
Flan carré. AR. Duby, *Obsidionales*, pag. 112 et seqq. ; Appel,
n° 3789.

### Ducs de Styrie.

**389.** *Charles* (1556-1590). — *Groschen*.
**390.** *Ferdinand* II (1590-1637). — *Groschen* de 1626.

### Carinthie.

**391.** *Maximilien* I (1493-1519). — MAXIMILIANVS. D. G. R.
Ecussons d'Autriche et Tyrol, au-dessus, 1516. R. ARCHIDVX.
KAR. Armes de Carinthie surmontées du bonnet ducal. AR.
*Groschen*. Cat. Welz. de Wellenh; n° 8967.

### Bohême.

**392.** *Brzetislaw* I (1037-1055). — BRACIZIAVS DVX. Tête de
face. R. SCS VVENCEZIAVS. Main dont trois doigts seulement
sont étendus. AR. Voigt, p. 243, n° 2.
**393.** Autre. Même légende. Figure debout tenant une croix à la
main. R. SCS VVENCEZIAVS. Paon. AR. Ibid., n° 3.
**394.** *Wratislaw* (1086-1093). — WRATIZLAS. Lég. rétrograde
lue de droite à gauche. Dextre tenant un sceptre. R. WEN-
CEZLVS. Buste du saint à droite. AR. Voigt, p. 288, n° 4.

395. *Brzetislaw* II (1093-1100). — BRACIZLAVS DVX. Buste de
face. De chaque côté, un point. R. SCS. WENCEZLAVS. Le
saint portant une croix à droite. AR. Voigt, p. 331, n° 1.
396. *Swatopluk* (1107-1109). — SVATOPVLC. Le duc assis tenant une lance dans la droite. R. WENCEZLAVS. Buste de face.
AR. Cat. Welzl. de Wellenh, n° 11291.
    Rare.
397. *Wenceslaw* II (1278-1305). — WENCEZLAVS. SECVNDVS.
DEI. GRATIA. REX. BOEMIE. en deux légendes circulaires.
Couronne. R. GROSSI... PRAGENSES. Le lion de Bohême. AR.
*Gros de Bohême*.
398. *Wladislas* II (1471-1516).— WLADISLAVS SECVNDVS, etc.
Même type. R. GROSSI. PRAGENSE. Lion. AR. *Gros de Bohême*.
399. *Louis* (1516-1526). — LVDOVICVS. R. VN. ET. BO. Aigle.
R. CIVITAS SWIEN. 1526. Couronne. AR.
400. *Frédéric* de Palatinat (1619-1620). — FREDERICVS. D. G.
REX. BOHE. Lion. R. CO. PALA. RHENI. ELECTOR. DVX. BA.
Ecussons de Palatinat surmontés du bonnet d'électeur.
401. *François* II (1792-1806). — FRANCISCVS. D. G. HVNGAR.
BOHEM. GALLIC. LODOM. REX. Buste lauré à droite. Au bas, A.
R. ARCHIDVX. etc. 1792. Ecu couronné supporté par deux
griffons. Sur la tranche, LEGE. ET. FIDE. AR.

## Comtes de Schlick.

402. *Etienne et ses frères* (1517-     ). — AR(ma. DO(minorum.
SLIC(onum. STE(phanus. ET. FRA(tres. CO(ssano. DE. BA.
Saint Jacques, un bâton à la main ; devant lui, l'écusson de
Schlick et trois heaumes. 1526. De chaque côté de la tête du
saint, les lettres S. I. (Sanctus Jacobus). R. LVDOWIC. PRIM.
DEI. GRA. REX. BOHEMIE. Le lion de Bohême. AR. *Goulde*.
Appel, n° 3398.

## Hongrie.

403. *Etienne* I (1000-1038). — STEPHANVS REX. Croix traversant une étoile. R. REGIA. CIVITAS.— Même type. AR. Rupp.,
tab. I, n° 4.
404. *Charles Robert* d'Anjou (1310-1342). — MONETA. KARVLI.
REGIS. VNGARIE. Le roi assis. R. HONOR. REGIS. IVDICIVM.
DILIGIT. Ecusson d'Anjou avec le heaume et les lambrequins.
Dans le champ, la lettre s et une fleur de lis. AR. Szécheny,
pl. IV, n° 4.
405. *Rodolphe* II (1576-1612). — RVDOL. II. D. G. RO. IM. S.
AV. GER. HV. BO. REX. Buste à droite. Dans la légende, les
deux écussons de Hongrie. R. ARC. DVX. AVS. DVX. BVR.
MAR. MO. 1486. Aigle éployée, à deux têtes, tenant l'épée et le
sceptre. Dans le champ, les lettres K. B. AR. Szécheny, *Num.
Hung*. pl. XXV, n° 20.
406. *Ferdinand* III (1637-1657). — FERD. III. D. G. etc. Buste
lauré à droite. Lég. coupée par deux écussons. R. ARCHID.
etc. 1657. AR. Szécheny, pl. XXXII, n° 20.
407. *Ragotzky* (1704-1707). — PATRONA. HVNG. 1705. La

Vierge tenant dans ses bras l'Enfant Jésus. Dans le champ, les lettres K. B. (Kremnitz). R. MO. NOVA. ARG. REG. HVNG : Armes de Hongrie. AR. *Florin.* Duby, *Obsidionales.* pl. XXVI. n° 1.

**408.** Autre de l'année 1707. AR.

### Margraviat de Moravie.

**409.** *Maximilien II* (1564-1576). — MAX. II. D. G. R. IM. S. I. G. H. B. REX. Dans un écusson couronné, le lion de Moravie. R. ARC. DVX. A. DVX. BV. MA. M. Aigle à deux têtes. AR. *Demi-batzen.*

**410.** *Ferdinand II* (1619-1637) — FERDINANDVS. II. D. G. R. IM. S. A. G. HV. BO. REX. Le roi debout. R. ARCHIDVX : AVS : DVX. BVRG : MAR : MO. 1634. Aigle d'empire chargée du lion de Moravie. AR. *Thaler épais.*

**411.** — FERDINAND. II. D. G. R. I. S. A. G. H. BO. REX. Tête laurée à droite. Au-dessous, 30. R. ARCHID. etc. 1621. AR.

### Rois de Servie ou Rhacie.

**412.** *Etienne IV* (1291-1297). — S. STEFAN' STEFAN'. Dans le champ, les trois lettres perpendiculaires R. E. X. Saint Etienne donnant au roi l'étendard. R. Le Christ assis. Les monogr. IC. XC. AR. Imitation servile des *deniers matapans* de Venise. Appel. Konigl., p. 799. Szécheny, pl. XLVI, n° 9.

**413.** *Urosius II* (1297-1321). — S. STEFAN'. VROSIVS. Types semblables. AR. Appel., ibid. Argelati, pl. LXXXII, p. 95.

## ROYAUME DE PORTUGAL.

**414.** *Jean V* (1706-1750). — IOANNES. V. D. G. P. ET. ALG. REX. Couronne. Au-dessous, le chiffre XXXX. R. IN. HOC. SIGNO. VINCES. Croix unie cantonnée de quatre rosettes. AR. Appel, p. 715, n° 5.

**415.** *Joseph I* (1750-1777). — IOSEPHVS. I. D. G. etc. Armes de Portugal. R. Croix pattée. Même lég. AR. Ibid., p. 716.

**416.** — Autre. Même lég. Couronne. LXXX. R. Croix. IN. HOC. etc. AR.

**417.** *Maria I* (1777-1807). — MARIA. I. D. G. etc. Ecusson de Portugal, couronné et accosté de deux rosettes et quatre points. R. IN. HOC. etc. Croix pattée cantonnée de quatre rosettes. AR. Appel, pag. 718.

**418.** — Mêmes types et lég., avec la valeur 400 et la date 1798. AR.

**419.** *Maria II*, da Gloria (1834-    ). — MARIA. II. PORTVG : ET. ALGARB : REGINA. Buste de la reine. Au-dessous, la date 1838. R. 100 REIS entre deux palmes. AR.

## ROYAUME D'ESPAGNE.

### Roi Wisigoth.

**420.** *Ervigius* (680-687). — ND. NN. M. N. C. EVIGIVS PX. Tête de face sur une croix. R. EMERITA. PIVS. Petite croix sur trois gradins. OR.

### Rois d'Espagne.

421. *Philippe I<sup>er</sup>* d'Anjou (1700-1746). — PHILIPPVS. V. D. G.
Armes d'Espagne. Au milieu, l'écusson de France. Dans le
champ, l'indication de la valeur et la marque monétaire.
R. HISPANIARVM. REX. 1721. AR. *Piécette.*

422. *Charles IV* (1788-1808). — CAROLVS. IIII. Buste à droite.
1805. R. Même lég. Armes de Castille et Léon. Différent monétaire. AR. *Pièce de huit.*

423. — Sans lég. Lion. R. Château (Castille). AR.

424. *Ferdinand VII* (1808 à 14 et 1814 à 33). — FERNANDO. 7°
POR LA GRACIA DE DIOS Y LA CONSTITUCION. 1822. Buste à
droite. R. REY. DE. LAS. ESPANAS. 20. R. Ecusson couronné
entre deux colonnes. Sur une banderolle, PLVS. VLTRA. AR.
*Piastre.*

425. — Même légende. 1821. Buste à droite dans un grènetis.
R. REY. DE. LAS. ESPANAS. Dans une couronne, RESELLADO.
10. R. Au bas, les lettres L. S. T. AR. *Demi-piastre.*

426. — Autre avec la date 1823. R. Ecusson couronné. Au bas,
4. R(éales.) AR.

427. *Isabelle II* (1833-      ). — ISABEL 2ª. POR. LA. GRACIA.
DE. DIOS. Y. LA. CONST. Buste à droite. 1837. R. REYNA. DE.
LAS. ESPANAS. Ecusson entouré de la Toison-d'Or. Dans le
champ, 4. R. AR. *Piécette.*

428. — Même légende. 1838. R. Même type. 20. R. AR. *Piastre.*

## PROVINCES ET VILLES.

### Comtes de Barcelone.

429. *Jacques II* d'Aragon (1291-1327). — IACOBVS. DEI. GRACIA.
REX. Buste couronné à gauche. R. CIVITAS. BARCINONA. Croix
cantonnée de deux annelets et six besants. AR. Cat. Welzl.,
n° 260.

430. *Charles II* (1665-1700). — CAROL. II. D. G. HISP. REX.
Buste à gauche. R. BARCINO. CIVI. 1693. Légende coupée par
les branches d'une croix cantonnée comme la précédente. AR.
Cat. Welzl., n° 277.

### Royaumes de Castille et Léon.

431. *Ferdinand III* (1217-1252). — F. REX CASTELLE. Triple
château. Au-dessous, B. R. ET. LEGIONIS. Lion. *Billon.* Lelewel, pl. XVI, n° 10.

432. *Henri IV* (1454-1474). — ENRICVS. DEI. GRACIA. REX.
Château à trois tours. Au-dessous, T. dans un entourage de six
arceaux. R. Lion. Même légende fruste. *Billon.* Appel, p. 480,
n° 1, tom. II.

### Majorque.

433. *Alphonse III* d'Aragon (1285-1291). — Buste de face couronné. Légende en partie rognée. R. ...ET. MAIOR(icarum).
Croix longue. *Billon.* Cat. Welzl., n° 241.

### Iviça.

434. *Philippe III* (1598-1621). — PHILIPP... EI. G. REX. MAI. Buste couronné à droite. Au-devant, le chiffre 6. R. VNIVERSE BVSI. DNS. Triple château. Billon. Cat. Welzl, n° 378.

### Navarre espagnole.

435. *Sanche VI* (1150-1194). — SANCIVS REX. Tête à droite dans un grènetis. R. NAVARA. Croisette au bout d'une hampe du pied de laquelle partent deux fleurons. *Billon. Denier.*

### Ile de Sardaigne.

436. *Jean* d'Aragon (1478-1479). — IOANNES DEI GRACIA. Buste couronné à gauche. R. ARA. GON. VM. E(t SA(rdiniac. Croix cantonnée des lettres I. O. E. S. *Billon.*

### Corse.

437. *Paoli* (1762). — Armes de Corse. R. 4. (renversé). SOLDI. 1762 en trois lignes dans une couronne de laurier. Cuivre blanchi. Tob. Duby, *Obsidion.*, pl. XXVII, n° 10.

## ROYAUME DE SARDAIGNE.

### Comtes de Savoie.

438. *Amédée I* (1285-1323).— AMEDS: COMES: SAB. Aigle double éployée. R. PED. MON. TEN. SIS. Légende coupée par les branches d'une croix cantonnée des lettres A. M. E. D'. AR. *Gros de Piémont.* Promis, pl. II, n° 1.

439. *Amédée VIII* (1391-1451). — COMES. SABAVDIE. ; dans le champ, FERT. R. IN. ITALIA. MARCHIO. Croix. *Billon. Quarto.* Prom., pl. V, n° 4.

440. — AMEDEVS DVX. SAB. ; au centre, un lacs et les lettres FERT. R. IN : ITALIA : MARCHIO. Croix treflée. *Quarto de Savoie.* Prom., pl. VI, n° 16.

### Ducs de Savoie.

441. *Louis* ( 1451-1465). — LUDOVICV. DE. SABAV. Croix dans un losange. R. PRINCEPS : IMPE : ETC : ; dans le champ, FERT entre deux lignes. *Quarto de Piémont. Billon.* Promis, pl. VIII, n° 4.

442. — Autre, même type. Variété.

443. — LVDOVICVS : DVX ✱ SABAVDIE : PR'. Croix de Savoie. R. MARCHIO IN ITALIA PRINCEPS. Croix cantonnée de quatre lacs. *Billon. Double-Blanc* ou *parpagliuole.* Prom., pl. VIII, n° 6.

444. *Amédée IX* (1465-1472).—AMEDEVS ✱ DVX ✱ SAB. Dans le champ, FERT. entre deux lignes. R. IN. ITALIA : MARCHIO : Croix dans un losange. *Billon. Quarto.* Prom., pl. IX, n° 6.

445. *Philibert I* (1472-1482).—PHILIBERTVS : DVX : SABAVDIE : Ecusson chargé d'une croix et inscrit dans un entourage trilobé. R. MARCHIO. IN. ITALIA. PRINCEPS. Croix pattée. Billon. *Parpagliuole.* Prom., pl. IX, n° 1.

Deux pièces.

446. *Charles I* (1482-1489).—KAROLVS. DVX. SABAVD. PE. Ecu de Savoie entre deux annelets. R. PRINCEPS. IN ITALIA. K gothique entouré de quatre annelets. Prom., pl. XI, n° 11.

447. *Emmanuel Philibert* (1553-1580). — EM. PHILIB. DVX. SABAVDIE. Le duc galopant à droite, l'épée à la main ; au-dessous, la date de 1577 et la lettre T(orino). R. CHABLASII ET. AVG. SAC. ROM. IMP. PRINCEP. Croix de saint Lazare cantonnée des écussons de Savoie, Chablais, Aoste et Maurienne. AR. *Tallaro.* Prom., pl. XXVI, n° 50.

448. — E. PHILIBERTVS. DVX. SABAVDIE. Buste à droite. R. AVXILIVM MEVM. A. DOMINO. IM. Ecusson couronné sur une croix fourchée, 1578. AR. *Teston à la croix de saint Lazare.* Prom., pl. XXVII, n° 54.

449. — Pièce de *quatre soldi* de 1576. *Due soldi.* Pr., pl. XXV, n° 39. — Deux *soldi*, n°s 48 et 49. *Parpagliuole*, n° 57.

450. *Charles Emmanuel I* (1580-1630). — CAR. EM. D. G. DVX. SAB. P. P. Buste cuirassé à droite. R. IN. HOC. SIGNO. EGO. SPERABO. 1613. Billon.

451. — CAR. EM. D. G. DVX. SAB. P. PED. ETC. Buste à droite ; au-dessous, 1626 et le chiffre V. R. Même légende. Croix de Savoie. *Billon.*

452. *Charles Emmanuel II* (1638-1675).—CHR. FRAN. CAR. EM. DVCES. SAB. Ecusson couronné. R. PRIN. PEDEM. REGES. CYPRI. Croix formée de quatre C enlacés, cantonnée des lettres FERT. *Ecu d'or.* Prom., pl. XXXXV, n° 16.

453. — CHR. FRAN. CAR. EM. DVCES. SAB. Bustes de Charles Emmanuel et de la régente à droite ; au-dessous, SOL. 5. R. PRIN. PEDEMON. REGES CYPRI. Ecu de Savoie couronné ; dans le champ, la date 1647. *Billon. Pièce de 5 soldi.* Prom., pl. XLVI, n° 25.

454. — Autre de 1664.

### Rois de Sardaigne.

455. *Charles Emmanuel III* (1730-1773).—CAR. EM. D. G. REX. SAR. CYP. IER. Buste à gauche. 1756. R. DVX. SABAVD. ET. MONTISFER. PRINC. PEDEM. ETC. Ecusson couronné. AR. *Scuto* de six livres.

456. *Charles Félix* (1821-1831). — CAR. FELIX. D. G. REX. SAR. CYP. ET. HIER. Buste à droite ; au-dessous, 1822. A. LAVY. R. DVX. SAB , etc. Ecusson couronné. Collier de l'ordre de l'Annonciade. Au bas, dans un losange, L (avy). AR. *Ecu de 5 livres.*

## PRINCES ET VILLES.

### Aoste.

457. — AOST COS ✠. Tête à gauche dans un double grènetis. R. S. S. Croix cantonnée de 2 besants. AR. *Obole.*

### Ducs de Chablais.

458. — XPIANA RELIGIO. Temple. R. DVX CHABLASII. Croix cantonnée de quatre besants. *Denier.*
Deux pièces.

### Casal.

**459.** *Charles II* de Montferrat (1637-1665). — ... ITA. ANIMA. MEA. AD. TE. DEVS. Cerf courant à gauche , au bas CASALE. 1667; dans un petit écusson FIDES. R. CARO. II. D. GRA. DVX. MANT. ET. MONFERR en six lignes dans un écusson couronné et entre deux palmes. *Billon.*

### Comtes de Desana.

**460.** *Antonio Maria* (1598-1641). — ANT. MAR. TIT. BLAN. COM. DEC. Ecusson de Desana. R. SAC. ROM. IMP. VIC. PERPE. Aigle double, éployée, couronnée, chargée du globe impérial. *Billon.*

**461.** — ANT. MAR. TIT. COM. DEC. VIC. IMP. PER. Le comte à droite, couvert d'une cuirasse, la main sur la garde de son épée. R. VIRTVTE. CAESAREA. DVCE. Aigle d'empire chargée d'un écusson, à l'imitation de la monnaie impériale.. AR. *Teston.*

## RÉPUBLIQUE DE GÈNES.

**462.** — DVX. ET. GVB. REIP. GENV. Ecusson couronné, supporté par deux griffons; au bas une tête de lion. L. 8. R. NON SUR- REXIT MAJOR. 1795. Saint Jean tenant dans la gauche la croix et une banderole qui porte les mots ECCE AGNVS DEI. AR.

**463.** — Même légende, écusson de Gènes. R. Dans une couronne SOLDI DIECI. 1792. *Billon.*

**464.** — Comme le n° 459 ; au bas SOL. 10. R. Banderole sans lé- gende. 1814. AR. — *Pièce de 4 sols* de 1814.

### Princes de Monaco.

**465.** *Honoré II* ( -1662). — HON. II. D. G. PRINC. MONOECI. Buste à droite. R. DVX. VALENT. PAR. FRANCIAE, etc. 1655. Ecusson surmonté d'une couronne sur laquelle on lit : DEO. JVVAN. AR.

**466.** *Honoré III* (1731-1775). — HONORATVS. III. DG. PR. MO- NOECI. Buste jeune à droite. R. AVXILIVM. MEVM. A. DOMI- NO. 1733. Croix formée de 4 H couronnés et cantonnée des fusées de Monaco. *Billon.*

**467.** — Même lég. H couronné entre trois fusées. R. TV. NOS. AB. HOSTE. PROT. S. DE..... Dans le champ, la date de 1765. Cuivre.

### Marquis de Montferrat.

**468.** *Guillaume VII* (1493-1518). — GVLIELMVS. MAR. MONT. FE., etc. Buste à droite. R. SACRI. RO. IMP. PRINC. VICA. PP. Ecusson. AR. *Teston.*

**469.** *Boniface V* (1518-1530). — BONIF. MA. MO. FE., etc. Ecu de Montferrat surmonté d'un heaume. R. S. TEODORVS : CVSTOS: Saint Théodore galopant à gauche, la lance en main. AR.

### Marquis de Saluces.

**470.** *Louis II* (1475-1504). — LVDOVICVS. M. SALVTIAR. Ecusson

surmonté d'un heaume. R. SANCTVS. CONSTANTIVS. **Croix.**
*Billon.*

471. *Michel Antoine* (1504-1528). — MICHAEL. ANT': M : SALV-
TIARV'. Même type. R. SANCTVS. CONSTANTIVS. Le saint à
cheval. AR. Appel, 3061.

### Marquis de Tassaroli.

472. *Augustin Spinola* (    -1516). — AVGVSTINVS. SPIN. CO-
MES. TASS. Le prince à droite, la main sur la garde de son épée. R.
VIR. TVTE. CAESAREA. DVCE. Aigle double éployée et chargée
des armes de Spinola. Billon imitation de la monnaie impériale.

473. — PRINCEPS. PRIMVS. M .. Même type. R. VIRTVTIS. CAE-
SAREAE. PRES..... Aigle. *Billon.*

474. *Philippe* (    -1659).—IN. ODOREM. CVRRVNT. QVI. DILI.
Rose. R. FER. IMP. SEM. AVG. PH.P.S. SPA. (Philippus Spinola' COM. TAS. FEI. PER. dans un carré orné. Or. *Ducat.*

### Turin.

475. *Philippe* I de Savoie (1268-1285). — TORINVS. CIVIS. Etoile
cantonnée de deux besants. R. PHILIP' PRICPS. Croix. *Denier.*
Argelati. pl. LXVIII, n° 15.

    Très-rare.

---

476. Incertaine. — ECCLESIA SANTORVM. SEPTEM. Armes de
Savoie. R. ..... C. G. M. S. R. I. P. IN. TE. DNE. CONFIDO.
Croix. *Billon.*

# ROYAUME LOMBARD-VÉNITIEN.

### Ducs de Milan.

477. *Otto* I (936-973). — IMPERATOR. Dans le champ, OTTO. R.
AVG | MED | IOLA | NIS | en quatre lignes. *Denier.* Argelati,
pl. XIII. n° 7.

478. *Henri* II (1056-1106). — S. GERVASI'. S. PROTAS. Les
deux saints debout, entre deux la légende perpendiculaire HNRIC'
IPRT. R. S. AMBROSIVS. MEDIOLANVM. Saint Ambroise assis.
AR. Argelati, pl. XIII, n° 1.

479. *Henri* II (    -1196). — MEDIOLANVM. Saint Ambroise
assis. R. HENRICVS REX. Croix cantonnée de quatre trèfles. AR.

480. *Azo Visconti* (1328-1339). — AZO VICECOMES. MEDIO-
LANVM. Croix. R. S. AMBROSIUS. Le saint assis. AR. Argelati,
pl. XIV, n° 15.

481. *Luchino Visconti* (1339-1349). — LVCHIN. VICECOES.
Croix. R. MEDIOLANVM en trois lignes. *Billon.* Zanetti,
pl. CXIV, n° 28.

    Rare.

482. —LVCHINVS. VICECOES. MEDIOLANVM. Ecusson aux armes
de Milan surmonté du heaume au cimier pareil. R. S. AMBRO-
SIVS, etc. Argelati, pl. III, n° 6.

    Rare.

483. *Galéas* II (1354-1378). — COMES. VIRTVTVM. D. MEDIO-
LANI. Croix. R. S. ABROSIVS, etc. AR.

**484.** — GALEAZ. COMES. VIRTVTVM. — Croix. R. D. MEDIOLA-
NI. Le dragon de Milan, G. Z.

**485.** *Barnabé et Galéas* (1354-1378). — BERNABOS Z. GALEAZ.
VICECOMITES. Le dragon entre les lettres B. G. Au-dessus une
aigle. R. Saint Ambroise. AR. Argelati. pl. XIV, n° 19. Appel,
1894.

**486.** — B. G. VICECOMITES. Dragon. R. MEDIOLANVM. Croix.
AR. Welzl. de Wellenheim, n° 2760.

**487.** *Barnabé* seul (1378-1385). — B'NABOS. DOMINVS. Heaume.
R. DOMIN' MEDIOLI. Dragon. Appel, n° 1896. AR.

**488.** — D'B'NABOS. VICECOMES. MEDIOLANI. Dragon. D. B. R.
Saint Ambroise. AR. Appel, 1896.

**489.** — Autre avec le heaume au lieu du dragon.

**490.** *Jean Galéas III* (1378-1402). — GALEAZ. VICECOMES. D.
MEDIOLANI, etc. Dragon entre les lettres G. Z. R. Saint Ambroise. AR.

**491.** *Jean Marie* (1402-1412). — IOAMES. MARA. DVX. MLI.
Armes de Milan. S. AMBROSIVS MEDIOLANI, etc. Tête de saint
Ambroise. *Billon.*

**492.** — IOHANES. DVX. MEDIOLANI, etc. Dragon. I. M. R. Saint
Ambroise. AR.
    Deux pièces.

**493.** *Philippe Marie* (1412-1447). — FILIPVS. MARIA. DVX.
MEDIOLANI, ETC. Armes de Milan. R. S. ABROSIV'. MEDIOL.
Saint Ambroise. AR. Appel, n° 1906.

## Maison de Sforce.

**494.** *François Sforce* (1447-1460). — FRANCISCHVS. SFORTIA.
VIC. Buste à droite. R. DVX. MEDIOLANI. AC. IANVE. D'. Le
duc galopant à droite. OR. Argelati, pl. XV, n° 35.

**495.** *Galéas Marie* (1466-1476). — GZ. M. SFORTIA... MLI. V.
Ecusson. R. PP. ANGLIE... IANVE. D. Billon.

**496.** — Autre à peu près semblable.

**497.** — GZ. M. SF. VICECOS. DVX. MED. V. Oiseau, au-dessous.
DABO CORDI. R. PP. ANGLIE. Q'. CO. AC. IANVE. D'. Couronne et lambrequins. Cuivre.

**498.** —Même légende. Pots à feu. Au-dessus une tête mitrée. R. PP.
ANGLIE. QZ. CO. AC. IANVE. D'. Dragon dévorant un homme.
Les lettres G. M. couronnées. AR. Argelati, pl. XV, n° 38.

**499.** — Autre semblable en billon.

**500.** — GALEAS. M. SF. VICECO. DVX. MLI. QIT' Buste à dr.,
au-dessus, tête mitrée. R. PP. ANGLE. QZ. CO. AC. IANVE. D.
Ecusson de Milan surmonté du heaume avec cimier. Dans le
champ GZ. M. et les pots à feu. AR. *Teston.* Appel, n° 1914.

**501.** *Jean Galeas Marie* (1477-1494). — IO. GZ. M. SF. VICECO.
DVX. MLI. SX. Buste à droite. Au-dessus, tête mitrée. R. LV-
DOVICVS PATRVVS GVBERNANS. Tête du régent à droite.
AR. *Teston.*

502. — Autre avec VICECOMES. R. LV. PATRUO. GVBERNANTE.
Ecusson surmonté de deux figures. Tête mitrée. AR. *Teston.*
Appel. n° 1928.

503. — Même légende. Heaume. R. LUDOVICO. PATRVO. GV-
BERNANTE. Tête de face de saint Ambroise de chaque côté,
S. A. AR.

504. *Ludovic Marie* (1494-1500).—LUDOVICVS. M. SF. ANGLVS.
DVX. MLI. Tête à droite. R. PP. ANGLE. QS. AC. IANVE.
D., ETC. Ecusson de Milan. Pots à feu. AR. *Teston.* Appel ,
n° 1926.

505. *François II, Marie Sforce* (1521-1535). — FRANCISCVS.
SECVNDVS. Palme et rameau d'olivier dans une couronne. DVX.
MEDIOLANI., ETC. Ecusson accosté de F. II. Au-dessus la tête
de saint Ambroise. AR.

506. *Philippe II d'Espagne* (1540-1598).—PHILIPVS. REX. ETC'.
Tête couronnée à gauche. Au-dessus, un soleil. R. MEDIOLANI.
D. Armes de Milan. OR.

507. *Philippe IV* (1621-1665). — PROVIDENTIA. La Providence
debout, appuyée sur une colonne. R. MEDIOLANI. D. Même
type que le précédent. *Billon.* Appel , n° 1958.

508. *François II, empereur d'Allemagne* (1792-1796). — FRANC.
II D. G. R. IMP. S. AVG., ETC. Tête à droite. R. MEDIOLANI
DVX. Ecusson de Milan chargé de celui d'Autriche. AR. *Pièce
de 30 soldi.*

### Venise.

509. *Henri II* (1004-1024).—ENRICVS. IMP. : Croix cantonnée de
quatre points. R. + S. MARCVS. VENEC. Buste de saint Marc.
Cat. Welzl, n. 2952. Mader, n. 111, tom. I.

### Doges.

510. *Pietro Ziani* (1205-1229). — S. M. VENET' P. ZIANI. Saint
Marc debout, le doge tenant un étendard. Au-dessus, DVX. R.
Le Christ assis. De chaque côté de la tête les monogrammes
IC. XC. AR. *Denier matapan.*

511. *Jacopo Tiepolo* (1229-1249).—S. M. VENETI.+IA. TEVPL.
Mêmes types. AR. Trois *deniers.*

512. *Rainer Zeno* (1250-1268). — S. M. VENETI. + RA. CENO.
AR.

513. *Jacopo Contarini* (1275-1280). — IA. DTARIN. AR. *Denier
matapan.*

514. *Pietro Gradenigo* (1290-1314). — PE. GRADONICO. AR.
*Deniers.*
    Deux pièces.

515. *Francesco Foscari* (1423-1457).—FRANCISCVS. FOSCARI. Le
doge debout A. G., tenant un drapeau. R. SANCTUS. MARCUS.
VENETVS. Le buste de saint Marc dans un grènetis. AR.

516. *Léonardo Loredano* (1501-1521).—LEONAR. LAVREDANVS.
S. M. VENET. Le doge à genoux reçoit de saint Marc le dra-

peau. Au-dessus, DVX. R. TIBI. SOLI. GLORIA. Le Christ debout, au bas les lettres F. C. AR. *Osella*.

517. *Andrea Griti* (1523-1538). — ANDREAS. GRITI. ETC. Mêmes types. AR. *Osella*.
   Deux pièces, avec une légère variété dans les deux lettres de l'exergue.

518. *Jean Cornaro* (1709-1722). — DEO. OPT + MAXI + REIP. VENET. Le lion de saint Marc. R. OMNE. QUOD. TVVM. EST. La justice assise sur le lion. Dans l'exergue IIII. *Billon*.

519. *Incertaine*. — Deux pièces de cuivre, l'une oblongue avec PROVISORIS. OLII. L. S. ; l'autre carrée TERNARA. VECCHIA, et le lion au-dessous S. M. II. IA. Catalog. Welzl. de Wellenh., nᵒˢ 3320 et 3323.

### Princes de Belgiojoso.

520. *Antoine I^er* (1769). — ANTONIUS. I. BARBIANI. BELGIOJOSII. ET. S. R. I. PRINCEPS. Buste cuirassé à dr. R. COMES. CUNII. ET. LUGI. MARC. GRUMELLI. 1769. AR. *Écu*. Madai, nᵒ 6784.

### Bergame (LOMBARDIE).

521. *Frédéric II* (1218-1250). — FREDERI(CVS dans le champ) IMPRT. Buste lauré à droite. PGAMVM. Château à trois tours supporté par cinq colonnes. Au-dessus, deux croissants. AR. *Denier*. Kohler. Münzb. vol., VII, p. 369.

### Princes de Bozzolo (DUCHE DE MANTOUE).

522. *Scipion Gonzague* (    -1674). — SCIP. G. DVX. SAB. S. R. I. BOZ. Buste à droite ; au-dessous, 2 étoiles et 3 points. R. HAVD. SECVS. ANIMI. Trois écussons séparés par des fleurons. *Billon*. *Pièce de 3 soldi*. Zanetti, pl. XI, nᵒ 31.

### Princes de Castiglione et Solferino.
#### (DUCHÉ DE MANTOUE).

523. *Ferdinand II de Gonzague* (1680-1723). — FERDINAN. II. S. ROMA. IMP. ET. C. PRIN. Buste à droite ; au-dessous, XXV (soldi ?). R. MANT. ET. MED. M. S. D. HISP. MAGN. 1682. Bonnet ducal sur un écusson *Billon*. Zanetti, pl. XIV, nᵒ 33.

524. — Autre variété, sans date. *Billon*. Appel, nᵒ 874.

### Como.

525. *Frédéric I* (1154-1190). — FREDERICVS-IMPERT. Buste couronné de l'empereur tenant dans la droite un sceptre, et dans la gauche une fleur. Étoile. R. CVMANVˢ. Aigle éployée couronnée. AR. *Denier*.

### Crémone.

526. *Frédéric I^er* (1154-1190). — IMP'ATOR. Dans le champ, F. R. CREMONA. Croix cantonnée de deux globules et dont les branches se perdent dans les lettres de la légende. Cat. Welzl, nᵒ 3387.

## Mantoue.

### Marquis de la famille Gonzague.

527. *Louis* (1444-1478). — LODOVICVS. MARCHIO. MANTVE. ET.
CE. Croix cantonnée des quatre aigles de Mantoue. R. X. TVI.
TVTA. HOSPICIO. SIT. SANGVIS. HOS...S. Ostensoir. AR. Ar-
gelati, pl. XVIII, n° 9.

### Ducs.

528. *Frédéric* (1530-1540). — FED. GON. DVX. MAN. ET. MR. MON.
FE. Armes de Mantoue. R. NICHIL. ISTO. TRISTE. RECEPTO.
Le Christ donnant l'ostensoir à saint Jean agenouillé. AR. *Quart
d'écu* imité de l'*Osella* vénitienne. Appel, n° 2057.
Rare.

529. *François III* (1540-1550). — FRAN. DVX. MAN. II. ET. MAR...
F. Buste juvénile à gauche. R. XPI. SANGVINIS. Sur un taber-
nacle, deux saints soutenant l'ostensoir ; au-dessous, MANTV.
AR. *Seizième d'écu.*

530. — Type et lég. semblables. R. VIAS. TVAS. DOMINE. DE-
MOSTRA. MIHI. Tobie tenant un poisson et conduit par l'Ange.
AR. *Quart d'écu.* Appel, n° 2059.

531. *Marguerite et Guillaume* (1550-1587). — MAR. ET. GVL. DV-
CES. MANT. ET MAR MONT. F. Bustes accolés du duc et de la
régente, à gauche. R. NON. IMPROVIDIS. 1563, en trois lignes
dans une couronne, AR. *Demi-écu.* Appel, n° 2062.

532. — GVLIEL. DVX. MAN. MAR. MON. TE. Ecusson de Mantoue.
R. MARG. PALE. DVC. MAN. MAR. MO. F. *Billon.*

533. *Vincent I* (1587-1612). — SVB. TVVM. PRAESIDIVM. Saint
François recevant les stigmates. R. SANGVINIS CHRISTI. IESV.
TABER. Ostensoir. Dans le champ, la date 1589. AR. Cat.
Welzl., 3458.

534. *Ferdinand* (1613-1626). — SANCT. FRANCISCVS. Même type.
Au bas, 1616. R. FERD. D. G. DVX. MAN. VI. E. M. F. Aigle
éployée. *Billon.* Appel., n° 2075.

535. *Charles II* de Nevers (1637-1665). — CAR. II. D. G. DVX.
MANT. Buste à gauche. R. ET. MONTISFERRATI. REC. 1661.
Soleil. Cuivre. Welzl., n° 3495.

536. *Ferdinand Charles* (1665-1706). — ISABELLA. CLARA. FERD.
CAR.... AN. M. F. ETC. Buste accolé du duc et de la régente.
R. ALTA. A. LONGE. COGNOSCIT. Soleil sortant de la mer. Au
bas, 30. sol. *Billon.* Appel, n° 2087.

### Ducs de Padoue.

537. *Ubertin de Carrare* (1338-1345). — Le chariot de Carrare entouré d'une couronne de feuillages. R. Ecusson semblable surmonté d'un heaume, et timbré d'une tête humaine à gauche. Æ.

538. *François Ier de Carrare* (1355-1388). — FRANCISSCHVS. D.
CARARIE. Le char. R. Le heaume ; de chaque côté la lettre F,
autour PADVE SEPTIMVS DVX. Æ. Cat. Welzl., n° 3558.

### Pavie.

539. *Othon* (961-973). — OTTO. PIVS. DE. Au milieu, PAPIA en deux

lignes. R. IMPERATOR. Au centre, dans un grènetis, OTTO en croix. AR. *Denier.* Zanetti, pag. 134, v.

540. *Frédéric II* (1216-1246). AVGV ∽ TV ∽ CE. — Au milieu, en trois lignes, FL. ROD. M. R. IMPERATOR. Dans le champ, PAPIA. *Denier.*

541. *Galéas Visconti* (1359-1378). — GALEAZ. VICECOMES. D. MEDIOLANI. PPE (Pavia). Heaume. R. Saint Ambroise. AR.
Deux pièces.

### Ducs de Sabionetta (DUCHÉ DE MANTOUE).

542. *Scipion Gonzague* (1637-1674). — SCIP. D. G. SAB. S. R. I. B. R. E. Buste à droite. R. SVB. PENNIS. EJVS. Aigle double à l'imitation du type de l'empire. *Billon.*
Deux pièces.

### Vérone.

543. *République* (1167-1250). — VERONA dans les branches d'une croix. Autour, un large grènetis. R. D. E. D. II. *Obole.* Zanetti, pl. IV, n° 35.
Quatre pièces.

544. — VERONA. Croix sur un annelet et cantonnée des lettres CI. VI. CI. VI. Zanetti, n° 21.

545. *Barthélemi et Antoine Scaliger* (1381-1387). — B'. THS. ANTHS. Heaume avec cimier. R. SANCTUS. ZENO. Buste de face. AR. Cat. Welzl., n° 3612. Zanetti, pl. V. n° 33.
Trois pièces.

546. — BARTHOLOMEVS Echelle. Armoiries de Scaliger. R. ANTONIVS. Croix. Welzl., n° 3613. Zanetti, n° 34.

547. *Jean Galéas Visconti* (1387-1402). — GALEAZ. COMES. VIR-TVTVM. D. MDLI. Croix. R. S. AMBRO. DE. VERONA. Saint Ambroise. AR.

548. — GALEAZ. COMES. VIRTVTVM. Croix. R. D. MEDIOLANI. VERONE. Dragon de Milan. G. Z. AR.

549. — Autre en billon.

### Ducs de Plaisance.

550. *Conrad* (1138-1152). — REGIS SECVNDI. Dans le champ, CON. RA. DI. en trois lignes. R. DE PLACEN CIA dans le champ. AR. *Trois oboles, un denier.* Argelati, pl. LXIV, n° 1.
Quatre pièces.

551. *Paul III, pape* (1534-1549). — PAVLVS III. PONT. MAX. DIVS. Tiare. R. S. SAVINVS II. EPS. PLAC... Saint Savin crossé, mitré. *Billon.*
Deux pièces.

552. *Alexandre Farnèse* (1586-1592). — ALE. FAR. DVX. III. PLA. P. EC. Buste à droite. R. PLAC. ROMAN. COLON. Femme casquée, tenant un lis et une corne d'abondance. Au bas, P. L. 60. S. P. AR. *Ecu.* Zanetti, pl. VIII, n° 101.

553. *Édouard* (1622-1646). — ODOARDVS. FAR. PLAC. ET. PAR : L. DVX. V. Buste cuirassé à droite. Au-dessous, l'indication de la valeur X. (10 livres). R. S. ANTON : MART : PROT : PLAC.

Saint Antoine à cheval et portant un étendard. Dans l'exergue,
MDCXXVI. AR.
*Écu d'un beau travail et fleur de coin.*

554. *Ranuce II* (1646-1694).—RANVT. FAR. PAR. ET. PLA. DVX.
VI. Ecusson couronné. R. MONSTRA. TE. ESSE. MATREM. La
Vierge et l'Enfant Jésus; au-dessus, deux anges. *Billon.*

555. *François* (1694-1727).—FRAN. I. FAR. PAR. ET. PLA. DVX.
VII. R. S. THOMAS. APOST. PAR. PROT. Le saint à genoux. Au
bas les lettres A. C. *Billon.*

### Ducs de Guastalla.

556. *Ferdinand II Gonzague* (    -1630). FERDINANDVS. GONZ.
CAESARIS, FILIVS. Buste à droite. Dans le champ, la date 1619.
R. MELFI. PRINC. GVA. COMES. Ecusson couronné. Au-dessus
la lettre E. AR. *Scudo.*

### Ducs de Modène.

557. *François I* (1629-1658). — FRAN. I. MVT. REG. E.C.D. VIII.
1657. Buste à droite. Au bas trois étoiles et les lettres E. T. R.
QVEM. GENVIT. ADORAVIT. La Vierge à genoux devant Jésus.
AR. *Quart d'écu.* Appel. n° 2195.

558. *Reinald* (1694-1737).—RAYN. R. IC. D. Buste à droite. R. DA.
DVE. BOLOGNINI. Aigle couronnée. Cuivre. *Muraiole.* Benaven,
pl. CI, n° 27.

559. *Epoque des troubles* (1703-1707).—COMVNITATIS. MVTINE.
L'écu de Modène. R. S. GEMINIANVS. Le saint assis. *Billon.*
Appel, n° 2202.
Rare.

### Princes de Correggio.

560. *Syrus Austriacus* (1598-1635).—..... AVSTR. S. R. IMP. ET
CO. P. Buste à droite. R. ANTIQVISS. FAM. INSIGNIA. Ecusson.
*Billon.*

### Ducs de la Mirandole.

561. *Alexandre I, Pic* (1619-1637). — ALEX. DVX. M. R. I. MAR.
CONCOR. III. Ecusson. R. TVTISSIMA. QVIES. Aigle double
éployée, couronnée. AR. Appel, n° 2183.
Rare.

### Ducs de Massa Carrara.

562. *Albéric II, Cybo* (1662-1690).—ALBERICVS. CYBO. MAL. S. R.
MASSAE. PRIN. Buste à droite. R. CVSTODIAT. DOMINVM.
1662. Ecu de Massa-Carrara. Dans le champ, V. III. *Billon.*

### Lucques.

563. *Henri* II (1004-1024). — IMPERATOR. Au milieu les deux T
réunis par une barre. R. ENRICVS. Au centre, LVCA. AR. Argelati, XXI, n° 7.

### Lucques (ÉRIGÉ EN PRINCIPAUTÉ EN 1805).

564. *Conrad II* (1138-1152). — IMPERATOR. Dans le champ, T T.
R. CHONRADVS. Au milieu, AVGV. AR.

565. *Othon IV* (1209-1218).—OTTO. REX. Au milieu, les deux T

joints par une barre. R. S. VVLTVS. DE. LVCA. Tête couronnée de face. AR. *Denier*. Zanetti, pl. CI, n° 3.

566. *République* (1378-1805). — RESPUBLICA. LUCENSIS. 1751. Armes de Lucques. R. SANCTVS. MARTINVS. Saint Martin partageant son manteau avec un pauvre. AR. *Écu*. Appel, n° 1958.

567. *Charles Louis I* (1824-    ). — CARLO. LOD. I. D. S. DVCA. DI. LVCCA. Buste à droite : au-dessous, LANDI. R. L'écusson de Bourbon. 1837. AR. Imitation grossière de notre ancienne pièce de 2 francs. Cat. Welzl, n° 3864.

### Toscane.

668. *République de Florence*. — S. IOHANNES. B'. Buste de face. R. FLORENTIA. Fleur de lis. AR. *Denier*.

569. — S. IOHANNES. B. Le saint debout. R. FLORENTIA. Lég. divisée par les branches d'une croix cantonnée de quatre fleurs de lis. AR. *Bargellino*. Orsini, pl. III, n° 12.

570. — Même lég. Saint Jean. En haut à gauche, la marque monétaire. R. FLORENTIA. Lis. AR. *Florin d'argent*. Orsini, pl. III, n° 3.

571. — SANTVS. IOHANNES. BATISTA. Le saint assis. Deux écussons des maîtres de monnaie. R. XPS. FLORENTIA. VERE. DEI. TIBI. FLORERE. Lis. AR. *Florin d'argent*.

### Grands-ducs.

572. *Cosme III, Médicis* (1670-1723). — COSMVS. III. D. G. MA. D. ETRV. VI. Buste cuirassé à droite. R. S. IOANNES. BAPTISTA. Saint Jean assis. 1676. AR. *Quart de piastre*.

573. Même type. R. S. IOANNES. BAPTIST. FI. ZACHARIÆE. Zacharie bénissant saint Jean. 1676. AR. *Demi-piastre*. Orsini, pl. XXV, n° 29.

574. — Même type, avec la date 1680 au bas. R. FILIVS. MEVS. DILECTVS. Baptême du Christ. AR. *Piastre*. Orsini, pl. XXII, n° 13.

575. *Pierre Léopold* (1765-1790). — P. LEOP. D. G. P. R. H. ET. B. A. A. M. D. ETR. Buste à droite. R. IN. TE. DOMINE. SPERAVI. 1774. Ecusson couronné avec deux aigles pour supports. AR. *Léopoldone*. Benaven, pl. LXXV.

576. *Ferdinand III* (1790-1801 et 1814-1824). — LEX. TVA. VERITAS. Ecusson, 1801. R. QUATTRINI. DIECI. Billon. *Pièce de deux crazie*. Benaven, pl. LXXIX.

### Royaume de Toscane.

577. *Charles-Louis* et *Marie-Louise*, régente (1803-1807). CAROLVS. LVD. D. G. REX. ETR. et M. ALOYSIA. R. RECTRIX. I. I. H. H. Les deux bustes accolés à droite ; au-dessous, un marteau et le monogr. S. L. R. DOMINE. SPES. MEA. A. JVVENTVTE. MEA. Ecusson. Au bas, FLORENTIAE, 1803. Sur la tranche, DIECI. LIRE. AR. Ampach, n° 4180.

### Grand-duché.

578. *Léopold II* (1824-    ). — LEOPOLDO. II. A. D. A. GRANDVCA

DL. TOSCANA. Buste à droite; au bas, T. C. R. QVATTRIN.
CENTO. Un lis. Au-dessous, FIORINO. AR.

## PRINCES ET VILLES DE TOSCANE.

### Arezzo.

579. — S. DONATVS. Buste de face du saint portant la crosse. R.
DE ARITIO. Croix ornée d'un globule et cantonnée de quatre
autres. AR. *Denier*.

### Livourne.

580. *Cosme III* (1670-1723).—COSMVS. III. etc. Buste couronné à
droite. Au bas, 1683. R. PRAESIDIVM. ET. DECVS. Galère.
Exergue, LIBVRNI. AR. *Demi-talaro*. Bénaven, pl. LXXIV,
n° 40.
581. — COSMVS, etc. Ecusson de Toscane, d'or aux six tour-
teaux. 1718. R. GRATIA. OBVIA. VLTIO. QVAESITA. Rosier.
LIBVRNI. AR. *Piastre dite à la rose*. Bénaven, LXXIII, n° 32.
582. Même lég. Buste à droite. Au bas, 1717. R. ET. PATET. ET.
FAVET. Château surmonté d'une couronne. Au bas, FIDES. AR.
*Livournine*.

### Pise.

583. *Frédéric I*, empereur (1152-1190).—PTEGE. VIRGO. PIS. La
Vierge assise, tenant l'Enfant Jésus. R. FEDERICV' IMP'ATOR.
Aigle éployée. AR. Cat. Welzl., n° 3965.
584. *Frédéric II* (1198-1250). — PI. SE dans le champ. La Vierge
et l'Enfant Jésus. R. FR. IMPATOR. Aigle sur un chapiteau.
AR. Cat. Welzl., n° 3966.
585. *Cosme II* (1608-1621).—COSMVS. II. MAG. DVX. ETRV. IIII.
Buste couronné cuirassé à dr. 1621. R. PISA. IN. VETVSTAE.
MAIESTATIS. MEM. Armes de Toscane sur une croix. AR.
*Talaro*. Orsini, pl. XIV, n° 9.
586. — SVP. OMNES. SPECIOSA. La Vierge adr. R. ASPICE. PI-
SAS. 1721. Croix. AR. *Demi-Paul*. Bénaven, pl. LXXVIII,
n° 88.
587. *François de Lorraine* (1737-1765).—FRANCISCVS. D. G. R. S.
A. G. H. REX. LOT. BAR. M. P. ETR. Buste couronné à dr. R.
IN. TE. DOMINE. SPERAVI. PISIS. 1760. Ecusson de Lorraine et
Bar. Sur le tout celui de Toscane. AR. *Francescone*. Orsini,
pl. XXIX, n° 6.
588. *Ferdinand III* (1790 à 1801, 1814 à 1824).—FERDINANDVS.
III. D.G.P.R. ET. BA. A. M.D. ETRVR. Buste à droite. Au-dessous,
une licorne et le monogr. SL. R. LEX. TVA. VERITAS. Ecusson. PISIS. 1798. AR. *Scudo*.
589. — FERD. III. D.G.P.I.A.P.R.H. ET. B.A.A.M.D. ETR. Buste
à droite, marteau, monogr. SL. R. Semblable au précédent.
1820. AR. *Mezzo Scudo*. Ampach., n° 4186.

### Sienne.

590. — SENA. VETVS. Au milieu s, de chaque côté, deux points.
R. ALFA ET OM. (oméga). Croix. *Denier*. Cat. Welzl., 4005.
591. — SENA. VETVS. CIVITAS. VIRGINIS. Dans le champ, la
lettre s très-ornée et dans un entourage de huit arceaux. R.
ALFA. Z. O. P'INCIPIV. Z. FINIS. AR.

592. — SENA. VETVS. CIVITAS. VIRGI. Romulus et Rémus allaités
par une louve. R. A. ET. Ω PRINCIPIV. ET. FINIS. Croix.
AR. Cat. Welzl., n. 4011.

593. *Cosme I* (1574). Comme la précédente, mais avec la date 1553
sous la louve. R. ALPHA. ET. Ω PRINCIPI. ET. FINIS.
Ecusson avec le mot LIBERTAS en bande. *Billon*. Orsini,
pl. VI, n° 37.
> Rare.

## Volterra.

594. *Ranuccio*. — R. EPSDVVLT. L'évêque debout tenant la
crosse. R. C'(rux : E (st : VITORIA : N(ostra. Croix cantonnée
de deux étoiles. AR. *Denier*. Cat. Welzl., n° 4014.

## ÉTATS DE L'ÉGLISE.

### Rome.

595. Monnaies du Sénat et de la République. SENATVS. P. Q. R'.
Lion. R. ROMA. CAP. MVNDI. Figure assise tenant une palme.
*Denier*. AR.

596. — Autre. ROMANAP. T... Même type. R. SENAT'P... Croix
cantonnée d'une étoile. *Denier*.
> Deux pièces.

### Papes.

597. *Urbain V* (1362-1370). — VRB.PP.Q VNTS. Le pape de face
avec la tiare. R. IN ROMA. Dans le champ, VRBE en croix. AR.

598. — Autre. VRB.PP.QNTS. Même type. R. S. PET(rus E PAL.
(Paulus).

599. *Siége vacant* (1370). — S. PETRVS. P. Même type. R. IN ROMA.
Dans le champ, V.R.B.E. *Denier*.
> Rare.

600. *Grégoire XI* (1370-1378). — GG. P.P. VND'. Mêmes types. AR.

601. *Martin V* (1417-1431). — MARTINVS... Même type. R. S. PE-
TRVS., et deux clefs en sautoir dans un grènetis. Dans le
champ, les quatre lettres V. R. B. E, en croix. Au centre, les armes de la famille Colonna.

602. — .... PP. QUINTVS. Le pape assis, couronné de la tiare. R.
SANTVS PETRVS ET PAVLVS. Deux clefs en sautoir, au-dessus
la colonne couronnée de Colonna. AR.

603. *Pie II* (1458-1464). — PIVS. P.P. SECV. (ndus. Le pape de
face. R. S. PETRVS. S. PAVLV. Dans le champ. VRBE. AR.

604. *Paul IV* (1555-1559). — PAVLVS. IIII. PONT. MAX. Ecusson
aux armes des Caraffa, surmonté de la triple couronne et des
clefs. R. S. PAVLVS ALMA ROMA. Saint Paul debout, l'épée à
la main. AR.
> Trois pièces.

605. *Pie IV* (1559-1565). — PIVS. IIII. PONT. MAX. Armoiries de
la famille Médicis. R. S. PETRVS. ALMA ROMA. Saint Pierre
debout, tenant un livre et les clefs. AR.

606. *Alexandre VII* (1655-1667). — ALEX. VII. PONT. MAX. ROMÆ.
Saint Pierre au-dessus de l'écusson des Chigi. R. DISPERSIT

DEDIT PAVPERIBVS I. E. M. I. S. S. Saint Thomas faisant l'aumône à un boiteux. AR.
Rare.

607. *Siége vacant* (1667).—SEDE VACANTE. MDCLXVII. Armoiries du cardinal Barberini sur une croix de Malte. R. DA RECTA SAPERE. Deux abeilles. Dans le champ, le Saint-Esprit. Exergue : ROMA. AR. *Scudo.*

608. *Siége vacant* (1669). — SEDE VACANTE MDCLXIX. Scudo, semblable au précédent. Au revers la légende ILLVXIT. ILLVCESCAT ADHVC. AR.

609. *Clément* (1670-1676). — CLEMENS X. PONT. MAX. ANN. II MDCLXXI. Buste du pape à droite. R. MALVM MINVIT BONVM AVGET. Au bas un petit écusson. CLEM(entia LIB(eralitas. La Clémence et la Libéralité debout. AR. *Piastre.*

610. — Autre. CLEMENS X. PONT. MAX. L'écusson d'Altieri. R. VT ABVNDETIS MAGIS. Le port d'Ostie. Dans l'exergue : MDCLXXII. AR. *Piastre.*

611.—Autre. Buste à droite. Au-dessous, MDCLXXIII. R. BEATO. PIO. V. L'ange apparaît à Pie V en oraison devant un Christ. AR.

612.— Autres de 1675, semblables au n° 16. R. DABIT FRVCTVM SVVM IN TEMPORE. La porte murée, de chaque côté, saint Pierre et saint Paul. AR.

613.—Autre. Même type, même année. R. CLAVSIS FORIBVS VENIET ET DABIT PACEM.

614. — Autre. CLEMENS. X. PONT. MAX. AN. IVB. (ilœi. Buste à droite. R. Semblable au précédent. AR.

615. *Siége vacant* (1676). — SEDE VACANTE MDCLXXVI. Ecusson du cardinal Altieri. R. DABITVR VOBIS PARACLETVS. Le Saint-Esprit. Dans l'exergue : ROMA. AR. *Piastre.*

616. *Innocent XI* (1676-1689).—INNOCEN. XI. PONT. MAX. AN. I. Buste du pape à droite. R. SANCTVS MATTHEVS. A POST. Saint Matthieu écrivant sous la dictée d'un ange. AR. *Piastre.*

617. — Autre. INNOCENTIVS XI. PONT. MAX. Ecusson aux armes d'Odescalchi. R. ET. IN. CELIS. ERIT. LIGATUM. Saint Pierre assis élevant la dextre. Au-dessous, 1680.

618. *Siége vacant* (1689).—Ecusson du cardinal Altieri. R. EMITTE SPIRITVM TVVM. ROMA. Le Saint-Esprit. AR. *Piastre.*

619. *Alexandre VIII* (1689-1691).—ALEXAN. VIII. PONT. M. A. I. Buste à droite. R. RE FRVMENTARIA RESTITVTA. Bœufs attelés à la charrue. Epis. Au-dessous, dans l'exergue, la date 1690, et l'écusson du camerlingue. *Testone.* AR.

620. *Innocent XII* (1691-1700).—INNOCEN. XII. PONT. MA. A VII. Ecusson des Pignatelli. R. IPSE. EST. PAX. NOSTRA. Le Christ nimbé, tenant dans la gauche un globe; la droite élevée. Ex. 1698. *Testone.* AR.

621.—INNOCEN. XII. PONT. MAX. AN II. Buste à droite. R. OPVS IVSTITIE PAX. Figure appuyée sur un glaive et tenant dans la droite une branche d'olivier. Dans l'exergue, la date 1692. AR. *Demi-piastre.*

622. — Autre de l'an IX, même type. R. PARATE VIAM DOMINI. Saint Jean prêchant dans le désert. 1699. *Demi-piastre.*

623. — Même type. R. VENTI. ET. MARE. OBEDIVNT. EI. Jetée

en mer, vaisseaux. Dans l'exergue, la date MDCIC. Écusson. AR.
*Piastre.*

624. — Même type de l'an V. R. LOQVETVR PACEM GENTIBVS.
Le pape dans le consistoire entouré des cardinaux. 1690. AR.
*Piastre.*

625. — Même type de l'an VI. R. Même légende, même sujet dif-
féremment traité. AR. *Piastre.*

626. — Même type de l'an VIII. R. EGREDIATVR POPVLVS ET
COLLIGAT. Les Israélites recueillant la manne. AR. *Piastre.*

627. *Siége vacant* (1700).— Écusson du cardinal Spinola. R. NON
VOS RELINQVAM ORPHANOS. Le Saint-Esprit ; au-dessous,
ANN. IVBIL. AR. *Piastre.*

628. *Clément XI* (1700-1721).—CLEMENS. XI. P. M. AN. IV. Les
armes de la famille Albani. R. VIDERVNT OCVLI MEI SALV-
TARE TVVM. Le grand-prêtre Siméon tenant le Christ dans ses
bras. Au bas, la date 1701. AR.

629. — Autre de l'an V, même type. R. Saint François à genoux
devant une croix et un livre, en haut le Saint-Esprit entouré de
rayons. AR.

630. — Autre de l'an VI. Buste à droite. R. LETIFICAT. CIVITA-
TEM. La ville de Rome et le Tibre au-dessous. ANNO. 1706. Æ.
*Demi-piastre.*

631. — Buste à gauche. R. Saint Pierre dans une barque pendant
la tempête. AR. *Piastre.*
*Pièce d'un beau travail.*

632. *Clément XII* (1730-1740).—CLEMENS XII. P. M. A. VII. Buste
du pape à droite. R. DECVS PATRIÆ. Exergue MDCCXXXVI.
Façade d'une église. *Mezzo scudo.*

633. *Siége vacant* (1740). — Pièce de 5 *baiocci*, avec l'écusson du
cardinal Albani. AR.

634. *Benoît XIV* (1740-1758). — BENED. XIV. PONT. MAX. AN.
XIV. Buste à droite. R. MDCCLIII. L'Église sur un nuage, tenant les clefs du paradis. AR. *Scudo.* 2 pièces de 5 *baiocci*. variées. AR.

635. *Siége vacant* (1758).—SEDE VACANTE MDCCLVIII. Écusson
des Colonna. R. UBI VVLT SPIRAT. Le Saint-Esprit au bas.
*Scudo.*

636. *Clément XIII* (1758-1769). — CLEM. XIII. PON. MA. VIII.
Écusson Rezzonico. R. VTERE QVASI HOMO FRUGI..... AR.

637. *Pie VI* (1775-1799).—PIVS SECTUS. PONT. M. A. III. Buste à
droite. R. AVXILIVM DE SANCTO. 1777. L'Église romaine per-
sonnifiée, les clefs à la main. AR. *Papetto.* Benaven, n° 283.

638. — Autre de l'an VI. Écusson d'Angelo Braschi. R. Comme le
précédent, avec la date 1780. AR.

639. *Siége vacant* (1823).— Écusson du cardinal Pacca. SEDE VA-
CANTE MDCCCXXIII. R. L'Église romaine. Au-dessous la lettre
B. *Mezzo scudo.* AR. Sur la tranche : IN TERRA PAX.

640. *Siége vacant* (1829).—Écusson du cardinal Galeffi. SEDE VA-
CANTE MDCCCXXIX. R. AVXILIVM DE SANCTO. L'Église ro-
maine ; au-dessous. B. *Scudo.* Sur la tranche : IN TERRA
PAX. AR.

641. *Grégoire* XVI (1831-      ).—GREGORIVS XVI. PON MAX. A.
III. Buste à gauche. R. LVMEN AD REVELATIONEM GENTIVM.
Dans l'exergue, ROMA. Le Christ enfant. AR. *Scudo.*

## VILLES ET PRINCES DANS LES ÉTATS DU PAPE.

### Ancône.

642. — PP. QVIRI. Dans le champ, ACVS en croix. R. DE. ANCON.
A. au milieu. AR. *Denier.*

643. — PP. S. QVIRIACVS. Le saint couronné et nimbé, tenant la
crosse épiscopale. R. DE. ANCONA. Croix. AR.
> Deux pièces, variétés de coin.

644. *Alexandre VI*, Borgia (1492-1503).—S. PETRVS. MARCHIA.
Saint Pierre dans un entourage ovale. Au bas, un petit écusson.
R. ALEXANDER. VI. PONT. MAX. Ecusson. AR.

645. *Jules III* (1550-1555). —S. PETRVS. ANCONA. Saint Pierre.
R. IVLIVS. III. PONT. MAX. Armes du pape (Da Monte). AR.

646. *Paul IV* (1555-1559). — S. PAVLVS. ANCONA. Saint Paul debout. R. PAVLVS. IIII. PONT. MAX. Ecusson. AR.

### Ascoli.

647. — G. D. CARARIE. Dans le milieu, A. Au-dessus, le chariot
de Carrare. R. S. ENNID. DE. AS. Dans le champ, C. V. L.
O. en croix. *Denier.* Cat. Welzl., n° 4581. Zanetti, LXXI, n° 3.
> Très-rare.

### Bénévent.

648. *Grimoald.*—DNS AVS PP. Buste de face. R. VIC VSV. Croix.
CONOB. Dans le champ la lettre G (rimoald). OR.

### Bologne.

649. — S. PETRONIVS. Le saint tenant dans la droite la ville, et
dans la gauche une crosse. R. BONONIA DOCET. Le lion de Bologne portant un étendard. AR.

650. *Paul III* (1534-1549).—PAVLVS. III. PONT. MAX. Ecusson du
pape, surmonté de la tiare et des clefs. R. S. P. BONONIA. DO-
CET. Saint Pétrone assis. AR. *Blanc.*

651. — Même légende. Buste du pape à droite. R. BONONIA.
MATER. STVDIORVM. Lion. AR. *Lira.*
> Deux pièces.

652. *Pie IV* (1559-1565).—PIVS IIII. PONT. MAX. Buste à droite.
R. BONONIA MATER. ETC. Lion. AR. *Lira.*
> Deux pièces.

653. *Paul IV* (1555-1559).— PAVLVS IIII. PONT. MAX. Buste à
droite. R. BONONIA. ETC. Lion. AR. *Lira.*

654. *Pie V* (1566-1572).—PIVS. IIII. PONT. MAX. Buste à droite.
R. BONONIA. ETC. Lion. AR. *Lira.*
> Deux pièces.

655. *Grégoire XIII* (1572-1585).—GREGORIVS XIII. PONT. MAX.
Buste à droite. R. BONONIA. ETC. Lion. AR. *Lira.*

656. *Sixte V* (1585-1590).—SIXTVS. V. PONT. MAX. Armoiries de
famille surmontées de la tiare et des clefs. R. S. PETRONIVS
DE BONONIA. Saint Pétrone debout, tenant la ville et la crosse.

Au bas de chaque côté l'écusson du cardinal légat et celui de la ville. AR.

657. — SIXTVS. V. PONT. MAX. Buste à droite. R. BONONIA. ETC. Lion. AR. *Lira.*

658. *Innocent XI* (1679-1689).—INNOCENTIVS. XI. PON. M. Buste à droite. R S. PETRONIVS. DE. BONONIA. Le saint debout. *Billon.*

659. — INNOCENTIVS. PON. MAX. Buste à droite. R. BONONIA DOCET. Armes de Bologne. Au-dessus deux figures humaines. Au bas, la date 1683. AR. *Teston.*

660. *Clément XI* (1700-1721).—CLEMENS. XI. P. M. 1715. Buste à gauche; au-dessous, C. F. R. S. PETRONIVS. BON. PROT. Le saint. Au bas, 2 (*baiocci*). *Billon. Muraiole.*

661. *Benoît XIV* (1740-1758).— BENEDICTVS XIV. P. M. 1748. Mêmes types. *Muraiole de 4 baiocci.*

662. *Pie VI* (1775-1799).—PIVS. VI. PON. MAX. AN. III. 1767. Ecusson. Tiare et clefs. R. S. PETRONIVS. BON. PROT. Le saint debout; à ses pieds, les écussons de la ville et du légat. Au-dessous, 100. AR. *Ecu neuf* de 10 *pauls.*

663. — PIVS. VI. PONT. MAX. Armes du pape, du légat et de la ville. 1795. R. Même lég. Le saint sur un nuage. Au-dessous, 100. AR. *Ecu neuf.*

---

664. — S. PETRONIVS. Le saint assis. Dans le champ, l'écusson du cardinal légat de la maison de Massa-Carrara. R. BONONIA. DOCET. Ecusson. AR.

---

### Marquis et ducs de Ferrare (MAISON D'ESTE).

665. *Nicolas II* (1361-1368). — NICHOL' MAR. Dans le champ, C. H. I. O. en croix. R. DE. FERARI. A au milieu. *Denier.* Cat. Welzl., nº 4754.

666. *Alphonse II* (1559-1597). — ALFONSVS. DVX. F. Buste à gauche. R. OLIM. ME. ILLA. RATVS. Ecusson. Cuivre.

### Pérouse.

667. — DE PERVSIA. Au milieu, P. R. S. ERCVLAN. Croix. AR.

668.— Autre. P entre deux étoiles. R. S. ERCVLANVS. Croix cantonnée de deux étoiles. *Billon.* Zanetti, p. 135, nº 1.
Trois pièces.

### Pesaro.

669. *Jean Sforce* (1489-1510.—S. M. ORA. PRO. N. La Vierge assise. R. IO. S. DIARA. CO. COM. PISAV. D. Ecu. Au-dessus et au commencement de là légende les armes de Sforce. AR. Zanetti, pl. III, nº 33.

### Ravenne.

670. — ARCIEPISCO. Dans le champ, PVS. R. DE. RAVENA. Croix cantonnée, deux trèfles et deux besants. *Billon. Obole.*

671. — Autre, sans les besants.

672. *Léon X* (1513-1521).— S. APOLINARIS. RAVENE. Le saint

avec la dextre élevée, dans la main gauche la crosse. R. LEO. X.
PONT. M. Ecusson des Médicis, surmonté des clefs et de la
triple couronne. Au bas, deux écussons plus petits du cardinal
légat et de la ville. AR.

673. *Benoît XIV* (1740-1758). — Ecusson. R. RAVENNA. Fleur.
*Billon. Quattrino.*

### Recanati.

674. — DE RACA. Dans le champ, NETO. en croix ; au centre,
un annelet. Au-dessus, un petit écusson entre deux annelets.
R. S. M. A. R. I. Dans le champ A, trois annelets. Au commencement de la légende, deux clefs en sautoir dans un écu accosté de deux annelets. (Fioravanti, pag. 115, l'attribue au
pape Nicolas.)
Rare.

### Ducs d'Urbin.

675. *Guido Ubaldo I* (1482-1508). — GVIDVS. VB. VRB. DVX.
Tête à gauche. R. CO. MON. FE. AC. DVRANT. Ecusson. Æ.
Appel, n° 3879.

676. *Guido Ubaldo II* (1538-1574).—S. CRESCENTINVS. VRB. Le
saint à cheval, terrassant un dragon. R. GVI VBALDVS. II.
VRBI. DVX. III. Loup étendu à droite ; au-dessous, E. Zanetti,
pl. LXXVI, n° 9.

### Urbin, fief papal.

677. *Clément XI* (1700-1721). — S. CRESCENTINVS. MARTYR.
VRBINI. PATRONVS· Même type. Dans l'exergue, 1704 et
les lettres E. H. R. CLEMENS. XI. P. M. A. IIII. Armes du pape,
tiare et clefs. AR. *Demi-piastre.* Bénaven, *Caissier italien,*
pl. XI. n° 85.

### Sicile.

678. *Roger II* (1101-1127). — Le comte debout. R. IC. XC. NI.
KA. dans les cantons d'une croix. Cuivre.

679. *Guillaume I* (1154-1166). — IC. XC. NI. KA. Croix longue,
lég. arabe. R. *Frappé en la ville de Sicilia* (Messine), *en l'an
554* (1149). *Le roi Guilelm, soutenu de Dieu.* OR.

680. *Guillaume II* (1166-1189). — Mufle de lion, de face. R.
Lég. arabe. Cuivre.

681. —Autre, même type. R. Palmier. Cuivre.
Deux pièces.

682. *Frédéric.* — Lég. altérée, Fridric le Grand. R. IC. XC.
NIKA. Croix. OR.

683. *Frédéric III* (1296-1337). — FRIDERIC' T' DI : GRA REX :
SICIL. Aigle. R. DVX APVL. PRINCIPAT. CAPVE. Ecusson d'A-
ragon. AR. Vergara, tab. XXXII, n° 3.

684. — FRID : DEI. GRACIA. REX. SICILIE. Aigle. R. AC ATE-
NARV. NEOPATRI SV. Armes d'Aragon ; de chaque côté la lettre A. AR.

685. *Pierre d'Aragon* (1282-1285) — P. DEI. GRA. ARAGON :

SICIE REX. Écu d'Aragon. R. COSTA : DEI : GRA : ARAG' SI-
CIL REGI(n)A. Aigle. AR.

686. *Jacques* II (1286-1296). — IA : DEI. GRA : ARAGON : SICL'
REX. Aigle. R. AC : BARCHINONE : COMES. Ecusson. AR.

687. *Martin* I (1402-1409). — MARTIN. D. GRA. REX. SICIL.
Aigle. R. ACHATENARVN. CO PA DVX. Ecusson d'Aragon, surmonté d'une petite couronne ; de chaque côté, un croissant. AR.

688. *Alphonse* (1416-1458). — ALFONSVS : D : G : R : ARAG :
S : C : V : F : Armoiries. R. DNS : M : ADJVT : ET : EGO :
DES : I : M : Le roi assis ; dans le champ, S. AR. Cat. Welzl.,
n° 4970.

689. — Autre, rognée. AR.

690. *Ferdinand* (1479-1516). — FERDINANDVS. D. G. R. SI. I.
VN. Armes de Sicile et Aragon. R. DNS : M. ADIVT : ET : EGO :
DES. IN : M : Le roi assis, à gauche. M. AR.

## Naples.

691. *Charles* II *d'Anjou* (1285-1309). — KAROL'. SCD'. IERL'.
ET. SICIL'. REX. Ecusson. R. AVE GRACIA. PLENA. DNS. TE-
CVM. Salutation de la Vierge. Au-devant un lis dans un vase.
AR. *Salut d'argent.* Vergara, pl. II, n° 1.

692. — KAROL. SCD : REX. Buste couronné de face. R. IERL.
ET. SICIL'. Croix fleurdelisée. *Billon.*

693. — KAROL' SCD' DEI. GRA' IERL'. ET. SICIL'. REX. Le roi
assis. R. HONOR. REGIS. IVDICIV. DILIGIT. Croix fleuronnée,
cantonnée de quatre fleurs de lis. AR. Vergara, tab. XI, n° 1.

694. *Robert* (1309-1382). — ROBERTVS. DEI. GRA., etc. Le roi
assis. R. Comme le n° précédent. AR. Cat. Welzl., n° 5025.

695. — Autre avec ROBERT. AR. Vergara, tab. XII, n° 1.
        Deux pièces.

696. *Louis* (1382-1384). — LVDOV. IHR. ET. SICIL. REX. Couronne, au bas deux fleurs de lis. R. COMES.. VICE. ET. FORCAL.
Armes de Sicile et Anjou. AR. Vergara, tab. XVI, n° 1.

697. *Ladislas* (1386-1414). — LADISLAVS. Au milieu, Q. V. A.
R. R. S. LEO. PAPA. Le pape de face. AR. Vergara, t. XVII,
n° 3.

698. *Jeanne* II (1414-1435). — REGINA. IVHANNA. Aigle couronnée. R. S. PETRVS. P. Saint Pierre assis, la dextre élevée.
AR. Ibid., t. XVIII, n° 2.

699. *Alphonse* I (1442-1458). —ALFONSVS : D : GRATIA : REX :
Tête de face R. CICILIE. CITRA : ET : VLTRA : Armes de Sicile et Aragon. AR. Cat. Welzl., n° 5034.

700. *Ferdinand* I (1458-1494). — CORONAT. QA : LEGITIME.
CERTAV. Buste couronné à droite. R. FERDINANDVS. D. GR.
SIC. IER. V. Croix de Jérusalem. AR. Cat. Welzl., n° 5038.

701. — Autre, variété. AR.

702. — Autre. FERRANDVS. D. GR. SICILIE : IE. Buste à droite,
derrière T(cate)? R. IVSTA TVENDA. L'archange saint Michel
terrassant le dragon. AR. Vergara, t. XXIII, n° 4.

703. — Autre, variété de la précédente. AR.

704. *Jeanne et Charles* (1503-1515). — IOANNA. ET. CAROLVS.

Ecusson. R. HISPANIARVM. REGES. SICILIAR. Croix de Jérusalem. OR. Cat. Welzl., n° 5054.

705. — POPVLI. LETITIA. Les lettres I et C couronnées. R. IVSTVS. REX. Croix. Cuivre. Vergara, tab. XXXVI, n° 2.

706. *Philippe* II (1554-1598). — PHILIPP. REX. ARA. VT. Buste à droite. R. SICILIÆ. HIERVSA. Deux briquets.

707. *Philippe* IV (1621-1665).—PHILIPP. IIII..... Tête à droite, derrière les lettres MC. C. R..... SICILIE. Ecusson. AR.

708. — PHILIPP. IIII. D. G. REX. 1647. Tête à droite. Dans le champ, GC. N-Y. R. IN. HOC. SIGNO. VINCES. Croix de Jérusalem, cantonnée de quatre flammes. AR. Vergara, pl. L, n° 3.

709. *Charles* II (1665-1700). — CAROLVS. II. D. G. HISPANIAR. ET. NEAP. REX. Buste à cheveux longs ; au-dessous un monogr. R. VNVS. NON. SVFFICIT. Couronne et sceptre entre les deux mondes. Au bas, AG. A. 1684. AR. Madai, n° 91.

710. — CAROLVS. II....... Tête à droite. Dans le champ, I. C. et une étoile. R. INIMICOS. EJVS. DESTRVAT. Croix. AR. Appel, pag. 816.
> Rare.

711. *Charles* III *de Bourbon* (1734-1759). — CAR. D. G. REX. NEA. HISP. INFANS. Ecusson. Dans le champ. F : B : A : Au-dessous G(rani 120. R. DE. SOCIO. PRINCEPS. Fleuve couché dans le lointain, le Vésuve. AR. Schultheiss, n° 2218.

712. *Ferdinand* II (1830-      ).—Pièce de 10 *grani* de 1836. AR.

## Apulie.

713. *Roger* I (1072-1101). — ✠ S. ROG. Cavalier à gauche, tenant un étendard. R.   MARIA. MATER. DNI. La Vierge assise et l'Enfant Jésus. Cuivre. Vergara, tab. I, n° 12.
> Rare.

714. *Roger* II (1101-1127).—RRX–SLS. (Rogerius Rex Siciliæ.)— RDX AP (Rogerius Dux Apuliæ). Le roi et son fils soutiennent une croix double, haussée dans le champ. AN. R. X. Lég. perpendiculaire. R. ✠ IC. XC. RC. IN. AETRN. Le Christ nimbé de face. AR. Scyphate. Cat. Welzl., n° 4938.
> Très rare.

715. *Guillaume* I.—Tête de lion.   R. Croix cantonnée de la lég. W. RE. DVX. AP. Cuivre.

716. *Henri et Constance* (1194-1197). — H. IMPERATOR. *Croix* cantonnée de 2 étoiles. R. C. IMPERATRIX. Dans le champ, AP(ulia). *Denier.* Vergara, pl. V, n° 7.
> Rare.

---

## Incertaine du Nord de l'Italie.

717. *Jacques.*—MO. N. A. IAC. R. C. MAC. CTQ. M. F. Buste à dr. R. FERDI. II. ROMA. IMPE. SEMP. AVGVS. Aigle d'empire. OR.

## DALMATIE.

### Cattaro.

**718.** — S. MARCVS. VENETVS. Saint Marc assis. R. S. MRIA. VI. CATARENS. La Vierge debout. AR.

### République de Raguse.

**719.** —S. BLASIVS. RAGVSII. Saint Blaise debout. Dans le champ, la date 1696? R. TVTA. SALVS. Le Christ entouré de 6 étoiles. AR. *Grossetto.*

**720.** — RECTOR. REIB. RHACVSIN. Buste à gauche du Recteur de la république. R. DVCA. ET. SEM. REIP. RAC. 1767. Armes de Raguse. AR. *Vislino.* Cat. Welzl., n° 5456.

## ROYAUME DE GRÈCE.

**721.** *Othon de Bavière* (1832-       ). — OΘΩN. BAΣIΛEYΣ. THΣ. EΛΛAΔOΣ. Le buste du roi à droite. Au-dessous, les lettres K. Φ(oigt). R. Ecusson à la croix de Grèce, chargée en cœur des armes de Bavière, de chaque côté une palme. Exergue. 1/2. ΔPAXMH· 1833. AR. *Demi-drachme.*

**722.** — Drachme avec le nom de ΦOÏGT en entier et dans l'exergue, au revers I. ΔPAXMH· Une ancre et la lettre A. AR. *Drachme.*

**723.** — Pièce de *cinq drachmes* aux mêmes types. AR.

### Grands-maîtres de Malte.

**724.** *Alof de Wignacourt* ( 1601-1622 ). — F. ALOF... VIGNA... M. Ecusson écartelé de Malte au 1ᵉʳ et 4ᵉ, de Wignacourt au 2ᵉ et 3ᵉ. R. HOSPITALI'HIERVSALEM. Dans le champ, VT COMMODIVS en trois lignes. Æ.
    **Deux pièces.**

**725.** *Jean-Paul Lascaris* (1636-1657). — F. IO : PAVLVS LASCARIS. M. M. H. H. Ecusson du grand-maître, portant une aigle éployée, à deux têtes. R. IOAN. BAP. ORA. PRO. NOBIS. Croix de l'ordre dans un écusson. AR.

**726.** — F. IO : PAVLVS. LASCARIS. CASTELLAR. MM. HH. L'écusson de Malte et du grand-maître, effacé en partie par quatre contre-marques de ses successeurs. Æ.

**727.** *Ramon Perellos de Rocaful* (1697-1720). — R. D. RAYMVN. PERELLOS. MM. HH. Armoiries de l'ordre et du grand-maître. R. ERIT. EGENO. SPES IOB. S. La croix de l'ordre surmontée d'une couronne. AR.
    **Rare.**

**728.** *Antonio Manoel de Vilhena* (1722-1736). — F. D. AN. MANOEL. DE. VILHENA. Armes de Vilhena. R. M. MAG. HOSP. SS. HIERVSA. Croix de l'ordre. AR.
    **Sans date.**

**729.** —Même légende. Buste du grand-maître à droite. R. M. M. HOSPITALIS. ET. S. S. HIERVSA. 1724. Aux deux côtés de l'écusson. T. 4.
    Deux pièces avec de légères différences. AR.

730. *Raymond Despuyy* (1736-1740). — F. D. RAYMVNDVS DES-
PVYG. M. M. H. H. Buste à droite. R. Ecusson de l'ordre et du
grand-maître, avec la date 1737. AR.

731. — F. D. RAIMVNDVS. DESPVIG. M. M. HOS. H. Même type.
R. Semblable au précédent, avec la date 1738 et l'indication de
la valeur. S. I.

732. *Emmanuel Pinto* (1741-1773). — EMMANVEL. PINTO. — Buste
à gauche, revêtu d'une cuirasse. R. M. M. H. ET. S. SEP. HIER.
Ecusson de l'ordre et du grand-maître. Au-dessous, T. 4.

733. — EMMANVEL. PINTO. M. M. H. H. Dans le champ, cinq
croissants pour Pinto. R. IN. HOC. SIGNO MILITAMVS. Croix
de Malte cantonnée de la date 1743. Æ.

734. — F. EMMANVEL PINTO. M. M. Buste à droite. Au-dessous, 1768. R. M. M. H. ET. S. SEP. HIERVS. Ecusson écartelé aux 1er et 4e de Malte, aux 2e et 3e de Pinto, surmonté
d'une couronne; aux deux côtés, T. 4. AR.

735. *Francesco Ximenez de Texada* (1773-1775). — FR. D. FRAN-
CISCVS XIMENEZ DE TEXADA. M. Buste à droite. R. Ecusson
de Malte et du grand-maître. Au-dessus, 1774. Au bas, S. I. AR.
  Rare.

736. *Emmanuel de Rohan* (1775-1797). — F. EMMANVEL DE RO-
HAN. M. Ecusson de Rohan. R. M. HOSPI. ET. SEP. HIER.
1777. Au milieu, dans une palme, T. I et deux croix de Malte.
*Billon*.
  Deux pièces.

737. — L'écusson placé sur une aigle éployée. Même légende. R.
NON AES SED FIDES. Deux mains enlacées. Au-dessus, la date.
Au bas, le chiffre V. Æ.
  Deux pièces, avec les dates 1776, 1780.

### Corfou, Céphalonie, Zante (AUX VÉNITIENS).

738. *Jean Cornaro* (1624-1629). — O. AΓΙΟΣ. MARKO. Le lion de
Venise. Exergue, I entre deux étoiles. R. IΩAN. KOPNHA. DAOYΣ.
Dans le champ, TOPNEΣ. ΔEKAΠ. en deux lignes. Au-dessus,
étoile entre deux roses, au bas, une étoile. Cuivre. Cat. Welzl.,
n° 5326.

### Royaume de Chypre.

739. *Jacques I* (1382). — IACOBVS... Lion. R. ... IERVSALEM.
Croix de Jérusalem pattée et cantonnée de quatre croisettes.
Cuivre.

740. — Autre avec REGNI. CYPRI..... Cuivre.

741. *Chypre assiégée par les Turcs* (1570-1571). — PRO. REGNI.
CYPRI. PRESIDIO. Lion de Venise. 1570. R. VENETORV. |
FIDES. INVI | OLABILIS | BISANTE ✠ en cinq lignes. Cui-
vre. Tob. Duby, *Obsidionales*, pl. XI, n° 4.

### Panticapé.

742. — Deux bustes de face; entre eux une longue croix. R.
Croix entre A et Ω. Dessous ΠAN. Flan très-épais. *Cuivre*.
  Imitation de la monnaie impériale byzantine.

### Princes croisés.

**743.** *Tancrède, prince d'Antioche.* — Saint Pierre tenant une croix. R. Dans les deux cantons supérieurs d'une croix : IC–XC ; au-dessous... OCOV.... T..NKPI. *Cuivre.*

### Égypte (MAMELOUKS).

**744.** — Fleur de lis. R. Légende arabe. *Cuivre.*

### Rois chrétiens d'Arménie.

**745.** *Aïton.* Lion à gauche. R. Croix. *Cuivre.*
**746.** *Livon.* — Le roi assis. Lég. R. Croix cantonnée d'un croissant et de trois points. *Cuivre.*

### Indes Orientales.

**747.** *Madras.* — QUARTER PAGODA. Légende en caractères persans. Au centre, une pagode dans un champ semé d'étoiles. R. La même inscription en caractères tamil et talinga. Idole. AR. *Quart de pagode.*
**748.** *Roupie* anglaise portant la date 1825. AR.
**749.** FANAM. R. TOKEN. AR.

### Empereurs mogols de l'Hindoustan.

**750.** *Djianguir (1605-1627).* — Le soleil dans la constellation du Bélier. 13<sup>me</sup> année du règne. R. Djiângîr Padischah Akbâr Padischah. Frappé à Ahmed-âbâd. Au milieu, dans le champ, la date 1027 (1617). AR. *Roupie.* Marsden, *Numism. orientalia,* R., n° DCCCXL.
**751.** — Autre avec le signe des Gémeaux, sans date. R. Même lég., même date. AR. *Roupie.* Marsden, DCCCXLXLIII.
**752.** — Autre. Le Scorpion. Au bas, l'an 13 du règne. R. .... Djiânguîr Schah ben Akbar, roi des rois. Ahmed-âbâd. 1027. AR. *Roupie.* Marsden, *ibid.,* n° DCCCLXLIV.

> Ces trois pièces appartiennent à la série dite *Zodiacale* et sont très-rares.

### Rajahs d'Asam.

**753.** *Râjeswâra Singha (1751-1771).* — Lég. en caractères devanagari. *Sri Sri swarga devâ Sri Râjeswâra Singha Nripasya Saké* 1682 (1760) : Monnaie de Rajeswara Singha le céleste et deux fois illustre. L'an 1682 de l'ère Saka. Au bas et sous la date le *Singha* ou lion mythologique, symbole de l'origine céleste des Rajahs. R. *Sri Sri Hara-Gaurî charana Kamala makaranda Madhu-Kara Sya.* En quatre lignes. AR. Pièce octogone du poids d'une *roupie.* Marsden, *Num. orient.,* pag. 783, tom. II.
**754.** — Autre pièce, quart de la précédente, portant seulement une partie de la légende et sans date. AR. *Ibid.*
**755.** — Autre, avec la date 1676 (1754). AR. *Huitième de roupie.*
**756.** — Autre, sans date. AR. *Seizième de roupie.*

## Siam.

757. — Deux monnaies globuleuses chargées de deux empreintes, l'une ronde et l'autre en forme de cœur. AR. Marsden, *Num. orient.*, n° MCCXXXI.

## Japon.

758. — Plaque d'argent de forme ovale et portant au centre une légende. Monnaie frappée d'un seul côté. *Kobang*. AR. Kohler, tom. III, p. 113.

# AMÉRIQUE.

### Colonies anglaises.

759. *Georges I* (1714-1727). — GEORGIVS. DEI. GRATIA. REX. Buste lauré à dr. R. ROSA. AMERICANA. VTILE. DVLCI. 1722. Rose. *Cuivre*. Ruding, pl. VIII, n° 3.

### Massachusset.

760. *Charles II*, Stuart (1660-1685). — NEW. ENGLAND. AN. DOM. Dans le champ, 1652, et le chiffre XII (pence). R. IN. MASATHVSETS. Pin d'Amérique. AR. *Shilling*. Ruding, pl. XXX, n° 9.

761. — Autre, avec DO au lieu de DOM. R. Même lég. Variété dans l'arbre. AR. *Shilling*. Ruding, pl. XXX, n° 11.

    Pièce d'un module moins grand, mais de poids égal.

### Mexique.

762. *Charles III* (1740-17..). — CAR. III. D. G. HISP. ET. IND. R. Ecusson couronné; dans le champ. R(eales. 2. R. VTRA QVE. VNVM. Deux globes couronnés entre les colonnes d'Hercule sur lesquelles on lit PLVS. VLTRA. au bas 1765 et le différent monétaire. L M. I. M. (Mexico). AR. *Réal colonnaire*. Benaven, pl. 144, n° 66.

763. *Ferdinand VII* d'Espagne (1807-1833). — FERNANDO. VII. REY. DE. ESPANA. Y. DE. LAS. YNDIAS. Ecusson couronné. R. PROCLAMADO. EN. MEXICO. A. 13. DE AGOSTO. DEL. ANO. DE. 1808. En six lignes, au milieu d'une couronne. AR.

764. — Autre. R. PRO CLAMADO. EN. QVAVLTA. DE AMILPAS. DIA. 8. DE. DICIEMBRE. DE. 1809. Couronne. Au milieu et en six lignes POR. EL. ALFEREZ. REAL. DON. JVAQVIN. GARCI-LAZO. DE. LA. VEGA. AR.

### La Plata.

765. — PROVINCIAS DEL RIO DE LA PLATA. Soleil. R. EN. VNION. Y. LIBERTAD. 1813. Dans un écusson, deux mains jointes soutiennent le bonnet de la liberté. Dans le champ, 8. R. au bas, le différend S. P. I. AR.

### Tarma.

766. *Charles IV* (1789-1807). — CAROLVS. IV. D. G. HISP. ET. IND. REX. Armes de Castille et Léon, couronne et toison d'or. R. PVBLIC. FIDELIT. JVRAM. D. 25. DECEMBRIS., 1789. Dans le champ, VIVA. EL. REY. GALVEZ. TARMA. AR.

### Huancavelica.

767. —CAROL. IV. D. G., etc., 1790. Buste à droite R. ME. FERE.
JAM. TOTVM. SIC. HVANCAVELICA. TVÆTVR. Rochers, au-
dessus, une croix. AR.

### Urrutia.

768. *Ferdinand VII* (1807-1833). — FERDINANDVS. VII. D.
G., etc. Buste à droite R. PVBLICÆ. FIDELITATIS. JVRAMEN-
TVM. TARMÆ. Dans le champ, un lion, VRRVTIA. NOVIEM-
BRE. 18. DE 1808. Rose. AR.

---

769. *République.* — PERV. LIBRE. Monogramme de Lima,
8 R. I. P. Trophée, au-dessous, 1822. Contre-marquée
d'une couronne et de la date 1824. R. POR. LA. VIRTVD. Y. LA.
JUSTICIA. La Vertu et la Justice soutenant une colonne. AR. Appel, n° 2579.
770. *Simon Bolivar.* — A. SU. LIBERTADOR. SIMON. BOLIVAR.
Buste du président à droite; au bas, DAVALOS. *F.* R. EL. PERV.
RESTAVRADO. EN. AYACVCHO ANO. DE. 1824. Ecusson
surmonté d'une couronne, de chaque côté, des étendards. AR.

### Incertaine.

771. — LA. LEY. RESTAVRADA. POR. EL. VALOR. DEL. EJER-
CITO. EN. ANCACH. Champ de bataille au pied d'une monta-
gne; au sommet, la Renommée. R. LOS. EMPLEADOS. DE. LA.
MONEDA. AL. RESTAVRADOR. DE. SV. PATRIA. GRAN. MA-
RISCAL. GAMARRAGUS., 1839. AR. En huit lignes, au milieu
d'un grènetis et deux palmes. AR.

### Brésil.

772. *Joseph* (1750-1777). — JOSEPHVS. I. D. G. PORT. REX. ET.
B.(rasiliæ). Armes de Portugal, 1768 ; le chiffre 160. R. SVB.
Q. SIGN. NATA. STAB. Globe au centre d'une croix pattée. AR.
773. *Pierre I.* — PETRVS. I. D. G. CONST. IMP. ET. PERP.
BRAS. DEF. Buste de don Pèdro à gauche; au bas, la date 1823
et la lettre R(io). R. IN. HOC. SIGNO. VINCES. Armes du Brésil,
au bas 4000 (reis). OR.

---

# MEDAILLES.

774. *Russie.* — PETRVS. ALEXIEW MAGN. RVSS. ZAAR. Buste
lauré, cuirassé à droite. R. VICIT. FORTVNÆ. ATQVE. HERCULIS.
ÆDEM. Arc de triomphe surmonté de la statue équestre de
Pierre le Grand. Au bas. OB. DEVICTOS. SVECOS. AD. PVI.
TAV. MDCCIX. D. 29 JUN. ST. V. AR. Médaille frappée à l'oc-
casion de la bataille de Pultawa.
775. — Branche d'olivier dans une couronne de laurier. Lég.
russe. R. Légende en cinq lignes. AR. Médaille frappée pour la
paix avec la Suède, le 3 août 1790.
776. *Pologne.* — AVGVSTVS. II. D. G. REX. POLON. et. M. D. L.

Buste à droite. R. SAC. ROM. IMP. ARCHIM. ET. ELECT. SAXON
ELECT. D. 27. JVN.CORONAT. D. 15. SEPT. ANNO 1697. Ecu
de Pologne, sur le tout, celui de Saxe Electorale. AR. Sur la
tranche, une guirlande de fleurs. *Médaille de couronnement*.

777. — GRATITVDO. CONCIVIBVS. EXEMPLVM. POSTERITATI.
Dans une couronne civique : CIVIBVS. QVORVM. PIETAS. CON-
JVRATIONE. DIE. III. MAI. MDCCXCI. OBRVTAM. ET. DELE-
TAM. LIBERTATE. POLONA. TVERI CONABATVR. RESPVBLICA.
RESVRGENS. R. 10 7/16. EX. MARCA. PVRA. COLONIENSI.
1793. Au milieu, en six lignes : DECRETO. REIPBVLICÆ. NEXV.
CONFEDERATIONIS. JVNCTÆ. DIE. V. XBRIS. MDCCXCII. STA-
NISLAO. AVGVSTO. REGNANTE. AR.

778. *Angleterre*. — ADMIRAL. LORD. NELSON. OF. THE NILE.
Nelson privé du bras droit et vu de face. Au bas : BRITAINS.
GLORY. et DEFENCE. R. ALMIGHTY. GOD. HAS. BLESSED. HIS.
MAJESTY'S. ARMS. Combat naval. FRENCH. FLEET. DEFEA-
TED. AVGVST. I. 1798. AR. Cat. Bretfeld-Chlumz., n° 48115.

779. *Prusse*. — JOSEPHO. GALL. ORGAN. IN. CEREBRO. SCRV-
TATORI. Buste à droite, au-dessous, les lettres  . R. DISTRI-
BVIT. PARTES. ANIMÆ. SEDESQVE. Crâne sur un caducée. A
gauche, le soleil levant. Exergue. AVDITOR. BEROLINENS.
MDCCCV. AR. Cat. Ampach, n° 9526.

780. — VIRTVTE. ET. ÆQVITATE. PACATA. GERMANIA. La
Paix livrant aux flammes un trophée. A droite, l'écusson de
Brandebourg. Exergue, TESCHINAE. et la lettre G. R. D. O. M.
| PRO. INSTAVRATA. | GERMANIAE. PACE. | CHRIST.
FRIED. CAROL. | ALEXANDER. | MARCHIO. BRADENBVRG :
| GRATIARVM. MONVMENTVM. | FIERI FECIT. | MDCC-
LXXVIIII. | en neuf lignes. AR.

781. *Palatinat*. — OTTO. HEN. CO. PA. RHE. DVX. BAIO. Z.
CNA. AN. XXVI. Buste à droite. R. Armes du Palatinat, gravées
et entourées d'un double cercle. AR.

782. *Mayence*. — WOLFG. G. ARCHIEPI. MOG. PRIN. ELECT.
L'électeur de face. R. Ecusson de Mayence et de l'archevêque.
AR.

783. — ANSELM. CASIMIR : D : G : ARCHIEPS : MOG: PR : ELEC:
Buste à droite ; au-dessous, FG. 1630. R. Ecusson. OR.

784. — DAMIAN. HARTARD. D: G. ARCHIEPS. MOG. Buste à
droite. R. S. R. I. PER. GER. ARCHIC. PR. EL. EPS. WORM.
1675. Ecusson. OR.
    Médaille d'une belle exécution et parfaitement conservée.

785. *Wurtzbourg*.— IVLIVS. D. G. EPS. WIRTZBVRG. L'évêque
de face. R. ET. FRACIE. ORIENT. DUX. Ecusson. Médaille d'argent doré.

786. *Trèves*. — SIGISMONDVS. ROM. IMPERATOR. Buste de face.
R. LANCEA. ET. CLAVS. (sic). DOMINI. Instruments de la pas-
sion, avec : DE CRVCE DOMINI. et DE. PRÆSEPI. DOMINI. AR.

787. *Ulm*. — IACOB. GENGER. EQVES. ET. PRETOR. ULMÆ.
FLORVIT. 1324. Buste à gauche ; dans le champ, un écus-
son. R. PETRONELLA. GIENNGERIN. VXOR ANNO. 1324.
Buste. Ecusson. AR. Cat. Bretfeld-Chlumzanzki, n° 47716.
    Jolie médaille frappée en l'honneur de Gienger, ancien préteur
    d'Ulm.

**788.** — Un lot de cinq médailles de bronze.
Ce lot pourra être divisé.

**789.** — SANCTVS. MAVRITIVS. PATRONVS. VINSTIN. Cavalier à gauche. R. DIANA. PRINC. S. IMP. MARCH. DE HAVRE. Armoiries. AR. *Jeton.*

---

**790.** *Suinthila.* — Coin de Becker. OR. Beck., *Fals. Munzen,* nº 276.

**791.** *Tulga.* — Id., ibid. AR. Nº 279.

**792.** *Chindasuinth.* — Id., ibid. OR. Nº 280.

**793.** *Reccesuinth.* — Id., ibid. AR. Nº 282.

**794.** *Egica et Witiza.* — Id., ibid. AR. Nº 292.

**795.** *Roderic.* — Id., ibid. AR. Nº 294.

**796.** *Thierri de Boulogne.* — Id., ibid. AR. Nº 295.

**797.** Seize pièces de cuivre et d'argent.

**798.** — Plaque de cuivre portant au milieu l'indication de la valeur 4 DALERS SILF. MYNT., et à chaque coin le chiffre F. R. s. Fridericus rex Sueciæ, et la date 1731. *Monnaie pesante de Suède.*

**799.** Sous ce numéro seront vendues les pièces non cataloguées.

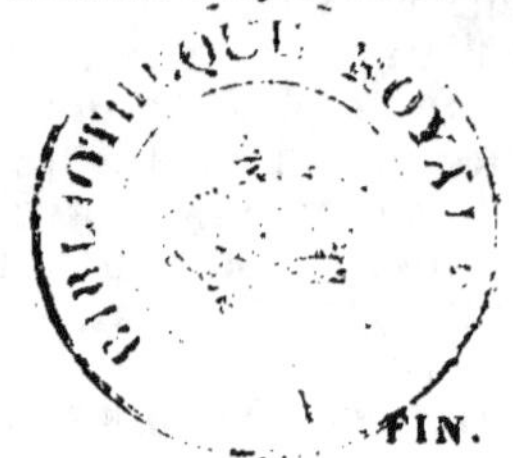

FIN.

Imprimerie de HENNUYER et TURPIN, rue Lemercier, 24. Batignolles.